Edition Beck

ALBRECHT SCHÖNE

Kürbishütte und Königsberg

Modellversuch einer sozialgeschichtlichen Entzifferung poetischer Texte

Am Beispiel Simon Dach

VERLAG C. H. BECK MÜNCHEN

Mit 3 Textabbildungen und 2 Tafelabbildungen

CIP-Kurztitelaufnahme der Deutschen Bibliothek

Schöne, Albrecht

Kürbishütte und Königsberg: Modellversuch einer sozialgeschichtl. Entzifferung poet. Texte am Beisp. Simon Dach / Albrecht Schöne. – 2., durchges. Aufl. – München: Beck, 1982.

(Edition Beck)
ISBN 3 406 05878 7

ISBN 3 406 05878 7

Zweite, durchgesehene Auflage. 1982

Gesamtherstellung: C.H. Beck'sche Buchdruckerei Nördlingen
Printed in Germany

Vorbemerkung

Im September 1974 hat in Wolfenbüttel ein von der Deutschen Forschungsgemeinschaft veranstaltetes internationales und interdisziplinäres Barock-Symposion stattgefunden. Es versuchte sich an Fragestellungen, welche in der Barockforschung offensichtlich stärker vernachlässigt worden sind, als die prinzipielle Einsicht es zuläßt, daß die Kunst – wie Brecht formulierte – wohl einen autonomen (also eigengesetzlichen), nicht aber einen autarken (also unabhängigen) Bezirk darstelle.[1] Zwar herrscht an theoretisch interessierten, hypothetisch-programmatischen Verlautbarungen über den Zusammenhang von ‚Literatur und Gesellschaft' mittlerweile kein Mangel mehr. Um ernstzunehmende Versuche aber, solche Entwürfe an den Gegenständen zu überprüfen, derartige Versprechungen vor Ort einzulösen, ist es erheblich schlechter bestellt. Deshalb befaßte sich dieses Symposion mit einem Teilbereich solcher Fragestellungen: mit den Beziehungen und Abhängigkeiten, die zwischen der Literatur des 17. Jahrhunderts und den Institutionen Stadt, Schule, Universität, Buchwesen in dieser Zeit bestehen, und mit der Frage, auf welchen Wegen, zu welchen Zielen man Einsicht gewinnen könnte in solche wechselseitigen Bedingungen.

Die Ergebnisse des Wolfenbütteler Symposions sind in einem umfangreichen Berichtsband veröffentlicht worden.[2] Als Separatdruck wird hier eine in diesem Sammelwerk enthaltene, ursprünglich als Vortrag konzipierte Studie vorgelegt, in der ich versuche, an einem konkreten Fall einige solcher Beziehungen zwischen dichterischer Produktion und städtischem Leben einsichtig zu machen und anzudeuten, welchen Erkenntnisgewinn das Interesse an barocker Literatur aus solchen Einsichten ziehen könnte. Es geht mit diesem Modellversuch, genauer gesagt, um eine sozialgeschichtliche Analyse poetischer Werke des 17. Jahrhunderts, welche sich nicht mehr begnügte mit der Untersuchung des sozialen Umfeldes, sondern auf den dichterischen Text

---

[1] Bertolt Brecht: Arbeitsjournal. Erster Band 1938 bis 1942. Hrsg. Werner Hecht, 1973, S. 157.

[2] Stadt – Schule – Universität – Buchwesen und die deutsche Literatur im 17. Jahrhundert. Vorlagen und Diskussionen eines Barock-Symposions der Deutschen Forschungsgemeinschaft 1974 in Wolfenbüttel. Hrsg. Albrecht Schöne, 1975.

selber sich richtete: die gesellschaftlichen Bedingungen seines Zustandekommens und die Möglichkeiten seiner Wirkung als ihm eingestaltet, also als Elemente des Textes erfaßte.

Anmerkung zur zweiten Auflage

Für den Neudruck sind einige wenige Druckfehler der Auflage von 1975 berichtigt und ergänzende Angaben in die Anmerkung 27 eingebracht worden. Im übrigen hat sich nachträglich herausgestellt, daß die erste Veröffentlichung von Dachs hier erörtertem Kürbishütten-Gedicht (für die ich, leider nur auf schriftliche Zeugnisse achtend, den posthumen Erstdruck von 1924 angeführt hatte) in mündlicher Form schon wenige Jahre nach seiner Entstehung erfolgte. Nach einer für die Rezeptionsgeschichte barocker Poesie sehr aufschlußreichen Verlautbarung von Günter Grass hat Simon Dach, der im Sommer 1647 das Treffen in Telgte herbeiführte, den um ihn versammelten Dichtern, Kritikern und Verlegern eben diese Elegie zur Kenntnis gebracht, als er am letzten Tag seiner denkwürdigen gesamtdeutschen Veranstaltung selber Platz nahm auf dem Vortragsschemel neben der emblematischen Distel.

„Das hörten wir gern", meint Grass sich zu erinnern. „Allen Versammelten war das aus dem Herzen gesprochen." Nach dem Bericht dieses Augenzeugen (überlebenden Mitglieds schon der alten Gruppe 47) mußte im Anschluß an die Lesung seines Königsberger Kollegen, „nachdem der Versammlung viel Lobendes über die Kürbs-Hütten-Klage eingefallen war, des Gryphius doppelsinniger Einwurf – ‚Du machst dreyhundert vers eh' als ich drey gemacht, Ein Lorber-baum wächst spät, ein Kürbs in einer Nacht' – als boshafte Anspielung auf Dachs notgedrungene Vielschreiberei gehört werden. Als gleich darauf Rist zuerst die Moral des Lamento lobte, um dann an mythologischen Anspielungen, etwa am Vergleich des niedergebrannten Magdeburg mit Theben, Corinth, Carthago und an der Anrufung der Muse Melpomene Anstoß zu nehmen, war, vor Zesen, sogleich Buchner zur Gegenrede bereit: Keine Verwelschung schände dieses Gedicht. Alles ströme lebendig aus deutschem Mund. Notwendig, weil den Gegensatz betonend, stünden wenige antike Zeugen in dem herrlichen Bau, der ohne Vergleich sei.

Aus Dachs Sessel sagte der alte Weckherlin: Schöner habe man nicht schließen können. Und Harsdörffer rief: O, hätten wir doch gegen die schlimme Zeit eine Kürbislaube, weit genug für uns alle!

Mehr mußte nicht gesagt werden. Genug Lob hatte des Gryphius Kränkung verdeckt. Lachend (und wie erleichtert) stand Simon Dach vom Schemel neben der Distel auf. Er umarmte Weckherlin und führte den Alten zu dessen Stuhl. Mehrmals ging er vor seinem Sessel, dem leeren Schemel und der Distel im Topf auf und ab. Dann sagte er: Das sei alles gewesen. Er freue sich über den doch noch friedfertigen Verlauf. Deshalb wolle er für alle hier Versammelten dem himmlischen Vater Dank sagen. Amen. –“

(„Das Treffen in Telgte.“ Darmstadt/Neuwied 1979, S. 165 f.)

– ‚Haben die Kärrner gekarrt, können die Könige baun.‘[2a]

[2a] Etwas anders Goethe, Hamburger Ausgabe Bd. 1, S. 210.

Klage
über den endlichen Vntergang vnd ruinirung der Musicalischen Kürbs=Hütte vnd Gärtchens.
13. Jan. 1641[3]

Waß grawen seh ich doch? herrscht hie nun Schlam vnd Wust,
Mein Albert?[4] stundt allhie dein Gärtchen, dessen Lust
Wir brüderlich verknüpfft vnß zu gebrauchen pflagen?
Hat diese Wüsteney die schöne Frucht getragen?
Die bloß nach Ewigheit, vnd vnserm Himmel schmeckt
Vnd bleibt, wenn vnß daß Grab schon tausentmahl bedeckt,
Dein Kürbes=Hütten=Werck?[5] Ach wie in kurtzen Jahren
Entstandt es vnd nam zu, ietzt ist es gantz verfahren,
Vnd weiß mehr übrig nichts, alß waß wir Beyderseit
Darinnen auffgesetzt, weil einig dieß der Zeit
Mit nichten vnterthan. Deß Pregels grawer Rücken
Jst fast vnß zehnmahl schon an stat der starcken Brücken,

---

[3] Zu Dachs Lebzeiten nicht im Druck veröffentlicht; überliefert durch eine Sammlung seiner Gedichte von fremder Hand (verschollen, früher im Staatsarchiv Königsberg, Signatur 301,4; dort unter der Nr. 56 auf den Seiten 188–197). Dazu Walther Ziesemer (in: Euphorion 25, 1924, S. 592): „ein handschriftlicher Vermerk auf S. 1 am Rande besagt, daß die Handschrift aus der Churfürstl. Brandenburg-Preuß. Kanzlei stamme. . . . Die Handschrift, gleichmäßig wie in einem Zuge geschrieben, ist die des 17. Jahrhunderts, sie kann durchaus noch der Mitte des Jahrhunderts angehören.“ Nach dieser Handschrift Erstdruck durch Ziesemer in: Euphorion 25, 1924, S. 598ff. und in: Altpreußische Forschungen, Heft 1, 1924, S. 44ff. Beide Abdrucke sehr unzuverlässig, mit 88 bzw. 105 Abweichungen – meist (nicht nur) in Orthographie und Interpunktion– gegenüber dem späteren (hoffentlich noch einmal kollationierten) Druck in: Simon Dach, Gedichte. Hrsg. Walther Ziesemer, Bd. I, 1936, S. 91ff., der dem folgenden Abdruck zugrunde liegt. 4 offensichtliche Druckfehler habe ich dabei berichtigt; Ziesemer schreibt Zeile 43: Rhu, 133: chlaff, 134: Sseee, 135: thlut.

Andere Texte von Dach werden im folgenden nach Ziesemers (4bändiger) Ausgabe nur mit Angabe der Bandzahl durch römische Ziffer und der Seitenzahl zitiert.

[4] Heinrich Albert (1604–1651), seit 1630/31 Domorganist der Königsberger Stadt Kneiphof.

[5] Bezieht sich auf die 1645 gedruckte „Musicalische Kürbs=Hütte, Welche vns erinnert Menschlicher Hinfälligkeit / geschrieben vnd Jn 3. Stimmen gesetzt von Heinrich Alberten.“

Die Pferd vnd Schlitten trägt: Deß Frülings grüner Pracht
Wirdt ietzt zum zehndenmahl vnß haben angelacht,
Alß dieser Platz vom Raht dir erst ward eingegeben.
Waß Frewde sahe man, waß Hoffnung vmb dich schweben!
Du machtest dich hinauß, sobald das Honigthor
Nur auffgeschlossen ward, kamst offt der Sonnen vor.
Vmb fünffe pflag ich dir bißweilen zuzusprechen,
So fand ich allbereit dich graben, bawen, brechen,
Dein Balgentreter auch war embsig neben dir,
Der schon erhitzt euch baht vmb einen halben Bier.
Du massest alles ab: hie solten seyn die Gänge,
Die Zucht der Blumen da, die Bäume nach der Länge
An jenem Orte stehn, vnd dort die Laube seyn.
Du bawtest auch dazu ein Regenhauß hinein.
Zu Zeiten halff ich mit, man hielt vnß für Fantasten
Vnd nennet vnsern Baw nur einen Bährenkasten[6].
Man pflag, wie fleissig du auch wahrst, dich auffzuziehn,
Weil dieß Ort viel zu klein zu einem Garten schiehn.
Ein einig Jahrchen war indessen vmbgelauffen,
Dein Gärtchen trug auch schon, man spricht dir zu mit Hauffen
Vnd rühmet deinen Witz: dieß Ort war vngestalt,
Wie ist er itzt verkehrt in einen Auffenthalt
Der Lieb vnd Freundligkeit? Vor war es eine Warte[7]
Der wilden Kriegesmacht, ietzt muß es seyn ein Garte,
Der Ruh vnd Frewde bringt; drey Jahrchen gehn vorbey,
Vnd du beschenckst vnß schon mit Blumen mancherley.
Wenn ich die Thür auffthat, so schlug mir zu Gesichte
Ein kleines Paradieß; wen haben seine Früchte,
Wie klein er immer war, nicht neben vnß erfrewt?
Mir warlich must er seyn ein Zwang[8] der Traurigkeit
Vnd Mutter süsser Ruh. Jetzt pflag ich mich zu strecken
Hin in daß kühle Graß, da mich ein Baum bedecken
Vnd überschatten kunt. Hie schöpfft ich Lufft vnd Ruh
Vnd sahe durch daß Laub den schnellen Wolcken zu,
Die mit dem sanfften Ost wie vmb die Wette flogen,
Jetzt sprang ich wieder auff zu schreiben, waß bewogen;
Wie manches Lied hab ich zu der Zeit auffgesetzt,

---

[6] Spottbezeichnung für die aus Lattengitter (zum Ranken der Kürbisse und Melonen) gezimmerte Laube, weil sie an die Lattenkäfige erinnerte, in denen die Schausteller ihre Bären hielten.

[7] Wach- und Beobachtungsturm.

[8] Hier: Bezwinger, Vertreiber.

Mit dem sich Königsberg noch diese Stund ergetzt.
Zu Zeiten rührt ich auch die Seiten meiner Geigen,
Die Vögel sungen mit vnd zwangen mich zu schweigen,
Jm stillen Pregel schrie der geilen Frösche Schaar,
Am Laube ward ich dan der Raupen wo gewar,
Die weisse Rose ward bestohlen von den Bienen.
Jn dessen kamest du, vnd Blum sampt Roberthinen[9],
Auch Fauljoch[10], der mit vnß so manchen lieben Tag
Jn Zucht gemässer Lust hinwegzubringen pflag.
Welch Anmuht oder Schertz ist damahls hinten blieben!
Wer zehlt die Fröligkeit, mit welcher wir vertrieben
Die noch zu kurtzen Tag? Der eine ging vmbher,
Der ander legte sich, sah in die läng vnd quer,
Mit grünem sich verschantzt, vnd wünscht hie stets zu wohnen.
Herr Roberthin sprach zu den Kürbsen vnd Melohnen
Vnd diesen sonderlich: die, sagt er, hält sich wol,
Die aber zimlich schlecht, Herr Henrich, diese soll
Für gutte Freunde seyn, der Kürbiß trug mein Leiden
Vnd jenem pflagestu dein Liebchen einzuschneiden.
Arsille prangte hie, da Phyllis, aber dort
Rosette, daß zwar schön vnd dennoch dunckle Wort.
Mein Gott, wie offt sind wir biß in die Nacht gesessen
Vnd haben vnsre Zeit mit guttem Tranck vnd Essen
Vnd singen zugebracht! Hie ist des Pregels Gang,
Auß dem die grosse Schaar der müden Rosse tranck.
Hie ist ihr kühles Bad, hie sind so offt gelegen
Die Reussen, so mit Korn vnß zu versehen pflegen
Vnd andern Wahren mehr, hie hat so manche Nacht
Die Dudden vnd Schalmey vnß auß dem Schlaff gebracht,
Hie pflag die Stadt zu Land vnd Flut in grossen Schaaren
Nach Steinbeck, Selgenfeld vnd Neuendorff[11] zu fahren
Vnd nach Jerusalem, man sieht die Wiesen stehn,
Wohin daß junge Volck nach Blumen pflag zu gehn.
Wenn hörte man nicht hie die Bursch vmb Abendzeiten
Rings vmb den Kneiphoff gehn vnd spielen auff den Seiten,

---

[9] Georg Blum (+ 1648), Verwaltungsbeamter (Kriegsregistrator) in der Königsberger Kurfürstlichen Kanzlei. – Robert Roberthin (1600–1648), seit 1636 Sekretär am Preußischen Hofgericht in Königsberg.

[10] Johann Fauljoch, Verwaltungsbeamter (Registrator) in der Königsberger Kurfürstlichen Kanzlei.

[11] Ortschaften, flußaufwärts, also südöstlich der Stadt am alten Pregel gelegen – wie das in Vers 81 erwähnte Gut Jerusalem.

Daß Stadt vnd Lufft erklang; die reiche Bürgerey
Fuhr auff dem Pregel heim mit lachen vnd Geschrey
Theils von dem Lande, theils auß ihren schönen Gärten
Vnd hatten, Bacchus, dich sampt Venus zu Gefährten
Vnd grüßten vnß dabey: daß war mit einem Wort
Ein Wohnhauß gutter Ruh, ein rechtes Frewden Ort.
Ach aber kurtze Zeit! Wie schön es vor gestanden
So gar ist nichts davon, alß Einsamkeit vorhanden,
Alß Grawen, Furcht vnd Rew, es kränckt mich hie zu stehn,
Für Vnmuth kan ich auch schier nicht vorüber gehn.
So muß ein Wandersmann auß Schrecken eilends fliehen,
Den seine Reise heist am Asphaltites[12] ziehen,
Der Grabstadt Sodomä, so zieh ich bey der Nacht
Dem Ort vorbey, wo nun die Sünder vmbgebracht.
Ach daß, wo kurtz hievor die schönsten Blumen waren,
Die Land vnd BürgersLeut ietzt reiten, gehen, fahren!
Wie liegt hie alles doch so plötzlich vmbgekehrt,
Recht wie ein wilder Feind wo eine Stadt verheert
Vnd auff den Grund geschleifft! Wem ist dieß zuzumessen?
Hast du zum Schaden wem den Ort so lang besessen?
Vergönt ihn dir nicht mehr der Eigennutz vnd Neid?
Jch weiß nicht, ist mir recht, so thut es selbst die Zeit,
Die sich in alles dringt vnd allem macht sein Ende.
An waß doch leget nicht die grausam ihre Hände,
Die gar zu steinern sindt? Dieß Ort war wie man spürt
Mit Erd am Pregelstrom in etwas auffgeführt
Vnd solt ein Bollwerck seyn, wo vormahls Spieß vnd Degen,
Soldaten vnd Geschoß vnd Harnisch sindt gelegen.
Alß Gott zu vnß gelenckt des edlen Friedens Sinn
Kamst du vnd pflantztest Bäum vnd schöne Blumen hin.
Nun war der Platz bepfählt[13] am Pregel vnd am Graben,
Die Dielen faulten weg, die langen Jahre haben
Die Pfähl auch durchgebracht. Es fället alles ein,
Wie konte deine Lust den langer übrig sein?
Man hat nohtwendig ja den Winter müssen bawen,[14]
Dein Gartenwerck muß fort, wirdt öde, Wust vnd Grawen.
Dieß solte zwar nicht groß bekümmern vnsern Sinn:

---

[12] Das Tote Meer, an dessen Ufer Sodom lag.

[13] Pfahlroste stützten das aufgeschüttete Erdreich gegen Fluß und Graben (wohl den Lindengraben) ab.

[14] Vermutlich weil das Baumaterial für den Straßenbau über den zugefrorenen Pregel transportiert werden mußte.

Waß mit der Zeit entsteht, fährt mit der Zeit auch hin.
Mir aber steigt dennoch es allzusehr zu Hertzen,
Der Sachen Vnbestandt macht mir zu grosse Schmertzen.
Jch weiß nicht, thu ich hie Recht oder Vnrecht an,
Eß kränckt mich, daß auch ich der Zeit bin vnterthan
Vnd werde nur von ihr ohn Säumnüs fortgerissen.
Mein Früling ist schon fort, wie strenge Wasser fliessen,
Wohin zwar, weiß ich nicht: mein Mannes Alter fleugt,
Jndem manch grawes Haar sich schon bey mir eräugt.
Dafern ich vor der Zeit den Geist nicht auff sol geben,
Wie lang doch wirdt es seyn, so endet sich mein Leben!
Denn schlaff ich eisenfest vnd werde waß ich war,
Die Seele nehm ich auß, bin weder Haut noch Haar.
Dieß thut daß Alter mir, dieß thut es allen Sachen,
Kein Hauß, kein Stadtbaw darff ihm andre Rechnung machen.
Ein iedes hat sein Ziel. Waß mit der Zeit beginnt,
Wirdt biß es wiederumb auch mit der Zeit zerrinnt.
Waß man ietzt Kneiphoff heist, sind Wiesen erst gewesen,
Wo Häuser stehn, da hat man Blumen vor gelesen,
Der Pregel ging vorhin ohn Leut, ohn Dorff vnd Stadt,
Der ietzt so volckreich ist vnd sieben Brücken hat.
Wer hat vor vnß gesehn in wenig hundert Jahren
Der dreyen Städte Pracht, die Kirchen, Schiff vnd Wahren,
Wer selbst den Helicon[15] am stillen Pregel stehn,
Durch welchen Preussenland kan gleich den Sternen gehn?
Wo Schlangen erst geheckt vnd ander Vngehewer,
Da steht ietzt hingebawt ein prächtiges Gemäwer.
Vnd wo vorhin geruht ein Büffel oder Bähr,
Geht ietzt ein Frawenbild im schönen Garten her
Vnd windet einen Krantz. O last auch vnß bemühen,
Damit wir solcher Art noch ferner mögen blühen.
Stellt allen Hochmuth ein! Nehmt euch der Demuth an,
Durch welche man allein am höchsten steigen kan.
Last keiner Vppigkeit vnd Boßheit ihren Willen,
Flieht Vnrecht vnd Gewald vnd suchet Gott zu stillen
Durch Busse, die er liebt, vnd mischt in solche Rew
Der Thränen heisse Glut vnd keine Heucheley.
Gott möchte seinen Stab sonst von vnß weiter setzen
Vnd auß ergrimtem Sinn mit Feinden vnß behetzen,
Durch Hunger, Pest vnd Brand vnß schlagen hie vnd da,

[15] Der griechische Gebirgszug, der in der Antike als Sitz der Musen galt, meint hier die 1544 gegründete Königsberger Akademie (Universität).

Biß daß er auß vnß macht ein wüstes Sodoma.
Er ist so eben nicht an dieses Land gebunden,
Es haben Völcker sich wol besser sonst befunden.
Wo sind sie ietzund hin? sie vnd ihr hoher Preiß
Liegt, daß man auch fast mehr nicht ihre Stelle weiß.
Wo ist die grosse Macht der alten Spartiaten,
Wo Thebe, wo Corinth? Wo Alexanders Thaten?
Hat Babel mit der Höh dem Himmel gleich gedräwt,
So ist sie dennoch Staub, vnd schon vor langer Zeit.
Wie hoch Carthago sich an Zier vnd Pracht gehäuffet,
Hat sie doch Scipio durch Schwerd vnd Brand geschleiffet.
Hat Rom so manches Reich, so manches Volck verheert,
Der Goht vnd Wend hat offt sie selbst gantz vmbgekehrt.
O könt ich deiner doch, O Magdeburg, hie schweigen,
Waß kanst du ietzt vnß noch von deiner Schönheit zeigen!
Jch habe dich gesehn vnd offt gesagt, du must
Deß Höchsten Gnüge seyn, sein Hertz vnd beste Lust.
Jst aber dieses Lieb? ist dieses Gunst gewesen,
Daß er vnß andern dich zum Schewsal hat erlesen?
Und war er dazumahl in deine Schön entbrandt,
Alß er dich übergab in deiner Feinde Hand?
Alß Schänden, Raub vnd Tod zu dir sindt eingezogen
Vnd du in einer Glut bist Himmelauff geflogen?
Die Elbe sich entfärbt vnd in dein Glut versteckt
Vnd wuste keinen Lauff, mit Leichen zugedeckt?
Wo laß ich, Deutschland, dich? Du bist durch Beut vnd morden
Die dreissig Jahr her nun dein Hencker selbst geworden
Vnd hast dich hingewürgt: denn deiner Freyheit Ruhm,
Die deine Seele war vnd bestes Eigenthum,
Muß in den Fesseln gehn, die Glut ist zwar geleget,
Die doch betrieglich noch sich in der Aschen reget,
So bald zeucht einer auß daß wilde Krieges Schwerdt,
Daß wiederumb sehr schwer in seine Scheide fährt.
O würden wir doch klug durch frembder Noht vnd Schaden,
Ohn Zweiffel kähmen wir bey Gott hiedurch zu Gnaden!
Daß gutte, so vnß hält vmbgeben in gemein,
Würd vnsrer Kinder auch, ja Kindes Kinder seyn.
Mein Albert, werther Freund, laß vnß thun waß wir können,
Wil gleich die Zeit so kurtz vnß hie zu seyn vergönnen,
Wir zwingen ihren Zwang, sie wüte wie sie kan,
Sie greifft nicht vnsern Geist, noch seine Gaben an.
Der führt daß Glück vnd Sie[16] im Fall er wil gefangen

[16] Die Zeit.

Vnd kan in Noht vnd Streit zu seiner Ruh gelangen,
Dem[17] Wetter, wenn es sturmt, auff eine zeitlang weicht
Vnd nachmahls auff sein Ziel mit vollem Segel streicht.
Fahr fort der Stimmen Zwist in Eintracht schön zu bringen,
Wie du bißher getan, vnd lehr vnß künstlich singen,
Ein Orpheus vnsrer Zeit, vnd hör so sorglich nicht,
Waß Mydas nachlaß[18] hie von deinen Sachen spricht.
Ein Vrtheil, welches reiff durch Wissenschaft ist worden,
Setzt dich durch deine Kunst in der berühmten Orden,
Bey vnß bist du vielleicht nicht sonderlich beliebt,
Da anderswo dein Werck dir Danck vnd Ehre giebt,
Die nicht wirdt vntergehn. Jch suche meinem Leben
Durch Krafft der Poesie ein länger Ziel zu geben,
Hat mich Melpomene[19] nur günstig angeblickt
Vndt machet meinen Sinn zu ihrem thun geschickt,
So laß ich andre, die nach grossen Mitteln ringen,
Die nur nach Ehren stehn vndt die die Zeit verbringen
Mit Vnlust, voller Lust: mich sol ein grünes Graß,
Ein Thal, ein kühler Wald, ein klahres Quell wie Glaß
Dem schnöden Volck entziehn, ich wil mein eigen werden
Vnd weil ich lebe schon mich säubern von der Erden,
Der Dinge müssig gehn, die durch gefälschten Schein,
Der manchen auffgesetzt, mein Meister könten seyn.
Mein Lied sol mit der Zunfft der Götter mich vermengen,
Darauß mich weder Fall noch Zeit noch Tod soll drengen.
Es ist kein Reim, wofern ihn Geist vnd Leben schreibt,
Der vnß der Ewigkeit nicht eilends einverleibt.

---

[17] Konjektur-Vorschlag: Der'm. – Denkbar allenfalls auch, 203/4 als einen Relativsatz aufzufassen, der das Subjekt des nachgestellten Hauptsatzes 205/6 bildet (möglicherweise ein Latinismus).

[18] Die geistigen Nachfahren des Königs Midas, der in der griechischen Sage dem Silen Marsyas beim musikalischen Wettstreit mit Apoll den Sieg zusprach und deshalb Eselsohren davontrug.

[19] Die Muse der klagenden Gesänge (und der Tragödie).

Dieses Gedicht des Königsbergers Simon Dach ist das Untersuchungs- und Demonstrationsobjekt der folgenden Fallstudie. Der Gegenstand aber, auf den ich zunächst Ihre Aufmerksamkeit richten möchte, hat an sich mit Dichtung so wenig zu tun wie mit Stadtgeschichte, gehört vielmehr zu den Realien des Nutz- und Ziergartenbaues: Cucurbita, Kürbis. Eine raschwüchsig rankende einjährige Pflanze. Früchte von unterschiedlicher, sortenabhängiger Größe, Form und Färbung. In ihre Schale lassen sich Schriftzeichen kratzen oder schneiden, die sichtbar bleiben, auch wenn sie vernarbt sind, lesbar noch auf den geernteten Kürbissen, wenn die frostempfindliche Pflanze, die sie hervorbrachte, mit Beginn des Winters schon abgestorben ist. Diese botanischen, wie ja überhaupt die naturgegebenen Sachverhalte unserer Welt, haben sich in den letzten dreihundert Jahren nicht verändert. Anders aber als heute stand es damals um die Verwendungsweise der Kürbisse – wobei ich weniger Kompottbereitung und häusliche Vorratswirtschaft im Auge habe als die Bedeutung solcher Realien im geistigen Haushalt der Menschen.

1643 hat Andreas Gryphius ein Epigramm auf einen Schnell- und Vielschreiber seiner Zeit veröffentlicht:

> DV machst dreyhundert vers eh' als ich drey gemacht.
> Ein Lorber=baum wächst spätt / ein Kürbs in einer nacht.[20]

Der spät (meint langsam) wachsende Lorbeer überdauert: seit alters gilt er als Zeichen für den Ruhm. Der über Nacht gewachsene Kürbis aber – in einer Nacht, der ersten Frostnacht, welkt er auch dahin und erscheint so als Sinnbild des rasch Vergänglichen. Daß unser Kürbis neben seinem Nutz- und Zierwert einmal solchen Sinnbildwert besaß, haben die botanischen Eigenschaften dieser raschwüchsigen und kurzlebigen Pflanze zwar ermöglicht. Denn die Sinnbilder, an denen auch das Barockzeitalter noch in der Welt sich orientierte, waren nicht auf willkürliche Setzung und beliebige Erfindung gegründet, sondern auf die Wirklichkeit der Welt und die Wahrheit ihrer empirischen Erfahrung.[21] Aber was aus der unendlichen Fülle der Empirie einging in die endliche Reihe der Sinnbilder, war an dieser Schwelle der Neuzeit, wo die menschliche Angst vor dem unabsehbar Neuen an das Altüberlieferte und verläßlich Beglaubigte sich zu halten suchte, keineswegs unabhängig vom Spruch der großen geistigen und geistlichen, also antiken und biblischen Autoritäten:

---

[20] In: Das Zeitalter des Barock. Texte und Zeugnisse. Hrsg. Albrecht Schöne, 2. Aufl. 1968, S. 996.

[21] Zur ‚potentiellen Faktizität' der im (idealtypisch verstandenen) Emblem dargestellten res significans vgl. Albrecht Schöne: Emblematik und Drama im Zeitalter des Barock. 2. Aufl. 1968, S. 26–30.

Jona, der kleine Prophet, der dem sündigen Ninive seinen von Gott verheißenen Untergang gepredigt hatte und mit dem Herrn zürnte, weil der seine bußfertigen Bewohner am Ende doch verschonte, ging vor die Stadt „vnd macht jm daselbs eine Hütten, da satzt er sich vnter". Gott aber „verschafft einen Kürbis, der wuchs vber Jona, das er schatten gab vber sein Heubt". Am Morgen ließ Gott diesen Kürbis durch einen Wurm stechen, so daß er verdorrte. Und als Jona darüber jammerte, sprach er: „Dich jamert des Kürbis, daran du nicht geerbeitet hast, hast jn auch nicht auffgezogen, welcher in einer nacht ward, vnd in einer nacht verdarb. Vnd Mich solt nicht jamern Nineue solcher grossen Stad, Jn welcher sind mehr denn hundert vnd zwenzig tausent Menschen".[22]

Auf solche Art biblisch abgesegnet, sind auch die Kürbisse eingegangen in den Mundus symbolicus, welchen die Emblemsammlungen dieser Zeit errichteten. Als Sinnbild rascher Vergänglichkeit, kurzlebiger Überheblichkeit führt

IN MOMENTANEAM
fœlicitatem.

Aëriam propter creuisse cucurbita pinum
Dicitur, & grandi luxuriasse coma
Cum ramos complexa, ipsumq; egressa cacumen
Se præstare alijs credidit arboribus.
Cui pinus, nimium breuis est hæc gloria, nam te
Protinus aduениet, quæ male perdat hyems.

[22] Jona 4, 5–11. Nach: Biblia 1545. In: D. Martin Luthers Werke. Krit. Gesamtausg. Die Deutsche Bibel. 11/II, 1960, S. 267/269.

ihn, in Opposition mit der Kiefer, schon der Italiener Andreas Alciatus vor, der 1531 mit seinem „Emblematum liber“ die emblematische Form prägt und den Begriff setzt, mit dem Herder dann das ‚emblematische Zeitalter‘ benannt hat. 1586 nimmt der Engländer Geoffrey Whitney ihn auf. 1590 zeigt ihn (unter dem Motto „Cito Nata Cito Pereunt“) der Deutsche Joachim Camerarius.[23]

Aus Emblembüchern wie den hier genannten sind solche Sinnbilder in viele Sparten des Kunsthandwerks, der bildenden Künste und des kunstvollen Gebrauchs der Sprache vermittelt worden. Im Bereich der Dichtung könnte man unser Gryphius-Epigramm als ein Beispiel für diese Art angewandter Emblematik verstehen, für die Umsetzung also der emblematischen res picta ins sprachliche Bild, für ihren Gebrauch als poetisches Gleichnis:

> DV machst dreyhundert vers eh' als ich drey gemacht.
> Ein Lorber=baum wächst spätt / ein Kürbs in einer nacht.[24]

Dergleichen Motivübertragungen hat man in den letzten Jahren an vielen Stellen entdeckt und untersucht. Einige Aufmerksamkeit haben auch die – wie mir scheint – interessanteren und bedeutsameren Strukturanalogien zwischen dem Emblem und bestimmten emblematischen Formtypen der dichterischen Gattungen gefunden. Aber die Emblembücher, die den europäischen Büchermarkt des 16. und 17. Jahrhunderts überschwemmten, sind ja nun keineswegs nur von Malern, Kunsthandwerkern, Dramenschreibern oder Epigrammdichtern studiert und als Motivvorlagen oder Strukturmodelle benutzt, sondern von einem breiten Publikum aufgenommen worden. Und es versteht sich: Wer den kleinen Holzschnitt des Alciatus betrachtet und das Epigramm bedacht hat, das seine Bedeutung mitteilt, der wird, wenn er im Garten die rasch gewachsenen Kürbisranken aufbindet oder die im ersten Frost abgewelkte Pflanze untergräbt, seine Gedanken kaum mehr auf den Gartenbau beschränken können. Was die Emblemata auf diese Weise bewirkten, kann man wohl als Vermittlung eines Weltverständnisses bezeichnen, welches innerhalb des jeweiligen Erfahrungshorizontes das Seiende als ein Bedeutendes begreift und es als solches auf die eigene Existenz bezieht: als eine Anleitung also zur Sinngebung der Lebenswirklichkeit, die der menschlichen Angst vor der Zusammenhangs- und Sinnlosigkeit des Daseins begegnet.

Eine solche Regulierung des Weltverständnisses und Selbstverständnisses der Menschen durch die emblematische Zeichenlehre ist zwar indirekt erschließbar. Aber da es sich hier um Bewußtseinsakte handelt, die ja in aller Regel nicht artikuliert, jedenfalls nicht fixiert worden sind, können wir gerade

---

[23] Vgl. EMBLEMATA. Handbuch zur Sinnbildkunst des XVI. und XVII. Jahrhunderts. Hrsg. Arthur Henkel und Albrecht Schöne, 1967, Sp. 331f.

[24] Zur emblematischen Behandlung des Lorbeers vgl. EMBLEMATA, Sp. 202–208 u. ö. – Gryphius, Poeta laureatus von 1637, spielt mit dem Lorbeer hier wohl auch auf die Dichterkrönung an.

diese allgemeinste Leistung der Sinnbilder im ‚emblematischen Zeitalter' nur in den Ausnahmefällen direkt erfassen und unmittelbar nachweisen, wo ein solcher Rückbezug der aus der Lebenswirklichkeit gezogenen Sinnbild-Modelle auf die reale Existenz schriftlich vollzogen und überliefert worden ist. Zu vermuten wäre dergleichen also dort, wo menschliches Welt- und Selbstverständnis sich am deutlichsten artikuliert: in der Dichtung. Und in der Tat gibt für diese Anwendungsweise der emblematischen Sinnbilder Simon Dachs Gedicht ein aufschlußreiches Beispiel.

Jona, so berichtet die biblische Geschichte, hat eine Hütte gebaut und sich unter sie gesetzt; Gott hat den Kürbis wachsen lassen, „das er schatten gab vber sein Heubt". Freiwachsender Kürbis kriecht. Dieser also muß, damit er Schatten geben konnte, emporgerankt sein. Der kleine Prophet, heißt das, der Ninive den Untergang prophezeit hatte, saß vor der Stadt in einer Kürbis-

hütte. So, tatsächlich, hat ihn 1526 schon Lukas Cranach auf dem Titelholzschnitt zu Luthers Übersetzung dargestellt.[25]

1581 erscheint unter den „Empresas Morales" des Spaniers Juan de Boria[26] das giebelartig gefügte und berankte Stangengitter einer solchen Kürbis-

[25] Titelholzschnitt zu Luthers Jona-Übersetzung. Abb. bei Albert Schramm: Luther und die Bibel. I. Die Illustration der Lutherbibel, 1923 (183). – Hier Ausschnitt-Vergrößerung.

[26] Bibliographische Angaben, auch zur deutschen Übersetzung: EMBLEMATA, S. XLIX.

hütte. Und die zugehörige Prosa-subscriptio lautet hier (in der deutschen Übersetzung von 1698): „Wenn man erweget / von was kurtzer Währung seyn / und wie geschwinde sich endigen alle dieses Lebens so sehr verlangte Güter / nehmlich Schönheit / Stärcke / Macht / Grösse / Herrschafft / Regierung / geheime Zulassung und Vertrauligkeit bey Fürsten / so wol auch alles was ein jeder am meisten wündschet / und dann diesen anbey füget / was alle übertrifft / die Betrachtung des Lebens selbsten: So erscheinet / daß dieses alles mitnichts besser könne verglichen werden / als mit einer Kürbis-Hütten / daran ein Kürbis in einer Nacht gewachsen / und in der andern verwelckt / und dahero dem Propheten Jonas Anlaß zu klagen gegeben / mit der Uberschrifft: Was bald wird / muß auch bald sterben. Welches / wenn wir es wohl erwegen / so haben wir keine rechte Ursache uns zu beklagen / wenn von obberührten Dingen uns etwas entgehet oder wegfält / weil unter keiner andern Bedingung / alle sterbliche Güter dieses Lebens uns verliehen sind.“[27]

[27] „Moralische Sinnbilder“ (vgl. Anm. 26), S. 160/161. „Kürbis-Hütte“ für „tuguriola hedera“ der lat. Vorlage (1697) folgt Luther bzw. der Septuaginta gegen die Vulgata-Über-

Wo der Königsberger Poet auf das Sinnbild Kürbishütte gestoßen ist, kann ich nicht ausmachen.[28] Es ist das aber auch eine Frage von untergeordneter Bedeutung. Ich suche festzustellen, wie es vor sich geht und was geschieht, wenn in dieser Zeit das vorgegebene Sinnbild, seiner Bestimmung gemäß, als Modell der Erfassung und Sinngebung von Wirklichkeit, als Instrument der Welterkenntnis und der Selbstbestimmung des Menschen verwendet wird. Für diesen Zweck setze ich Borias Emblem der Kürbishütte – als auswechselbares Element – in die Versuchsanordnung ein.

Der Modellcharakter seines Sinnbildes ist offensichtlich: Die eben zitierte Prosa-subscriptio gibt eine Regel, die von der ihr zugrunde liegenden Erfahrung, von jedem konkreten Bezug abstrahiert und auf eine überall und jederzeit gültige Wahrheit zielt. Sie liefert ein Schema also, welches, indem das Sinnbild den Betrachter zu praktischer Anwendung anregt, wiederum nach Auffüllung durch die jeweilige Erfahrungswirklichkeit dieses Benutzers verlangt. Eben das geschieht in Simon Dachs „Klage über den endlichen Vntergang vnd ruinirung der Musicalischen Kürbs=Hütte vnd Gärtchens. 13. Jan. 1641."

Sie freilich stellt die Kürbishütte nun nicht mehr im Bilde dar, sondern mit Worten, und durch diesen Wechsel des Mediums treten neue Möglichkeiten ins Spiel. Eine Gegenprobe könnte das verdeutlichen – die hier nicht einmal simuliert zu werden braucht. Denn die gleiche Kürbishütte im Gärtchen des Kneiphöfischen Domorganisten und Tonsetzers Heinrich Albert, die das Gedicht beschreibt, stellt auch der mit der Jahreszahl 1641 versehene Titelkupfer eines in Königsberg gedruckten Albertschen Kompositions-Werkes dar[29] [siehe TAFEL I, neben Seite 32], in dessen Vorbemerkung „An den Kunst=liebhabenden Leser" es heißt: „Jch ware bedacht meinen Wolthätern vnd Freunden / die mein geringes – nicht ohn spöttliches Bereden vieler Leute

---

setzung des hebr. qiqajon = Ricinus communis L.: Boria also zeigt (auch 1581 im span. Original) eigentlich ein Efeu-Hüttchen. – Den ältesten Beleg im Deutschen Wörterbuch (V 1873, Sp. 2799) liefert Kaspar Stieler („Der Teutschen Sprache Stammbaum und Fortwachs oder Teutscher Sprachschatz", 1691, Sp. 869): „Kürbishütte/cucurbitatium."

[28] Bemerkenswert ist immerhin, daß der Vers „Was bald kömpt, muß bald vergehn" in einem Begräbnisgedicht Dachs von 1652 (IV S. 214, hier auf das reifende Obst bezogen) den inscriptiones der Kürbis-Embleme bei Camerarius und Boria sehr nahe kommt. –

Unter den Kupfern, welche die Aufzüge zur Herzoglich Württembergischen Tauffeier 1616 in Stuttgart abbilden („Repraesentatio der Fvrstlichen Avfzvg vnd Ritterspil", hier nicht paginiertes 10. Blatt), findet sich eine Kürbishütte, unter der die neun Musen mit ihren Instrumenten musizieren. In den Erläuterungen von Weckherlin („Triumf Newlich bey der F. kindtauf zu Stutgart gehalten", 1616, S. 13) und Johan-Augustin Assum („Warhaffte Relation Vnd Historischer/Politischer/Höfflicher Discours", 1616, IV, S. 2) wird sie freilich nur als „ein lieblicher garten" bzw. „ein vberwachsener schattechter Lustgarten" bezeichnet.

[29] „Musicalische Kürbs=Hütte, Welche vns erinnert Menschlicher Hinfälligkeit / geschrieben vnd In 3 Stimmen gesetzt von Heinrich Alberten." – Kolophon: „Gedruckt zu Königsberg bey Pasche Mensen / im Jahr 1645."

new=angelegtes Gärtlein[30] bißweilen zu ersuchen / mich würdigten / eine Ergetzung zu machen / in dem ich jhre Namen / nebenst etlichen Reymen / an sonderliche Kürbse anschriebe. Als sie solches sahen / liessen sie sich diese meine kurtze vnd Sommerliche Erjnnerung jhrer Namen nicht mißgefallen / ohn daß Roberthin weiter erwehnte: Es würde in vnserer Gesellschafft noch anmuhtiger vnd zuvorauß dem Garten rühmlich seyn / wenn wir solche Reyme vnter der Kürbs=Hütten singen könten. Dieses meines guten Freundes vngefehrliches Erjnnern ließ ich mir so fern angelegen seyn / daß ich mehr=berührte Reyme nicht allein auf die Art / als ich vermeynete meinen Freunden annehmlich zu seyn / nach meinem Vermögen setzete / sondern auch hiemit an den offentlichen Tag gebe."

Im Unterschied zu Borias emblematischer pictura, die (dem von aller Erfahrungswirklichkeit abstrahierenden Text entsprechend) eher ein Modell, die Bauzeichnung einer Kürbishütte liefert, stellt dieser Titelkupfer sie nun sichtlich auf den Boden der Realität: auf Alberts Grundstück am Pregel, in sein schmalgeschnittenes kleines Gärtchen auf der Königsberger Lomse-Insel. Bis ins Detail bestätigen dieses Bild und Dachs das gleiche Objekt beschreibende Verse einander wechselseitig ihre Wirklichkeitstreue:

hie solten seyn die Gänge,
Die Zucht der Blumen da, die Bäume nach der Länge
An jenem Orte stehn, vnd dort die Laube seyn.
Du bawtest auch dazu ein Regenhauß hinein. (23 ff.)

Alberts Titelkupfer also transformiert das vorgegebene Kürbishütten-Emblem in die Realität.[31] Noch immer aber eignet diesem Beispiel (und dieser Gattung) angewandter Emblematik jene für die emblematische pictura charakteristische Überführung des Vorgangshaften ins Zuständliche, die Reduzierung aufs Sta-

---

[30] Vgl. Dachs „Klage", 27–30.

[31] Die emblematische Struktur bleibt dabei für das Gesamtwerk seiner „Musicalischen Kürbs=Hütte" bestimmend: Auf die pictura dieses Titelkupfers (in der lediglich die allegorischen Beigaben im Vordergrund als Fremdkörper erscheinen: Sanduhr und Totenkopf, die den Sinnbildwert der Kürbishütte im Bilde selbst notieren) folgt mit den von Albert vertonten zwölf kurzen Liedtexten eine zwölffach variierte subscriptio. Epigramme im eigentlichen Sinn des Wortes, waren diese Verse – wie die Vorbemerkung mitteilt und der Titelkupfer es zeigt – zusammen mit den Namen seiner Freunde von Albert in die Schale der Kürbisse eingeritzt worden, und so sprechen in ihnen die Kürbisse selber aus, was sie lehren. Etwa Nr. 2: „Mensch / hierinnen sind wir gleich / Du magst Schön seyn Jung vnd Reich: Vnser Pracht kan nicht bestehn / Beyde müssen wir vergehn." – Der einzige Text, der der Perspektive des Betrachters folgt, ist Nr. 9: „Die Zeit vnd wir vergehn! Was wir hie sehen stehn In diesem grünen Garten / Verwelckt in kurtzer Zeit / Weil schon des Herbstes Neid Scheint drauff zu warten." Nahezu gleichlautend mit der letzten Strophe von Dachs an Albert gerichtetem, auf dessen Garten bezogenem Gedicht „Horto recreamur amoeno" (I S. 89), stammen diese Verse offenbar von Dach selber, werden wohl zusammen mit seinem Namen auf einem der Kürbisse gestanden haben.

tische, zu der die bildliche Darstellung nötigt. Was demgegenüber die Mitteilung im Medium der Sprache ermöglicht und Dachs Gedicht leistet, ist vor allem eine direkte Wiedergabe diachroner Abfolgen, Begründung im Zeitablauf und das heißt: Darstellung von Geschichte.

Lessing, als er 120 Jahre später im „Laokoon" die medienbedingte Fähigkeit der Sprachkunst zur Darstellung von Prozessen („Handlungen") absetzte von der Darstellung zuständlicher Phänomene („Körper") in der bildenden Kunst, verwies auf Homer, der den Schild des Achill „nicht als ein fertiges vollendetes, sondern als ein werdendes" Produkt beschrieben hat – durch die Schilderung seines Herstellungsvorgangs nämlich in der Schmiede des Vulkan.[32] Das gleiche Verfahren hier:

Deß Pregels grawer Rücken
Jst fast vnß zehnmahl schon an stat der starcken Brücken,
Die Pferd vnd Schlitten trägt[33]: Deß Frülings grüner Pracht
Wirdt ietzt zum zehndenmahl vnß haben angelacht,
Alß dieser Platz vom Raht dir erst ward eingegeben.
Waß Frewde sahe man, waß Hoffnung vmb dich schweben!
Du machtest dich hinauß, sobald daß Honigthor
Nur auffgeschlossen ward, kamst offt der Sonnen vor.
Vmb fünffe pflag ich dir bißweilen zuzusprechen,
So fand ich allbereit dich graben, bawen, brechen,
Dein Balgentreter auch war embsig neben dir,
Der schon erhitzt euch baht vmb einen halben Bier.
Du massest alles ab: hie solten seyn die Gänge,
Die Zucht der Blumen da, die Bäume nach der Länge
An jenem Orte stehn, vnd dort die Laube seyn.
Du bawtest auch dazu ein Regenhauß hinein. (11ff.)

Zu Beginn des Jahres 1632 also hat Albert das Grundstück für seinen Garten bekommen – „vom Raht"[34]. Denn in jeder der nach kulmischem Recht verfaßten drei Städte Königsberg führten zwölf ‚Ratsverwandte', denen ein Bür-

---

[32] Sämtliche Schriften. Hrsg. Karl Lachmann und Franz Muncker, 9, S. 111.

[33] Um das Jahr 1600 erreichen die Alpengletscher ihre größte Ausdehnung in historischer Zeit; die Winter des 16. und 17. Jahrhunderts halten die Klimatologen für die strengsten der Geschichte: Dachs Angaben über den alljährlich zugefrorenen Pregel, der „Pferd vnd Schlitten trägt", sind offensichtlich ebenso wirklichkeitsgetreu (also durchaus nicht metaphorisch zu verstehen), wie seine Zeitangaben präzise sind, die mit ihrem „Jst fast" (12) und „Wird ietzt" (14) die Zuteilung des Gartengrundstücks exakt auf den Beginn des Jahres 1632 datieren. (Die übliche Datierung auf 1630 – so auch Ziesemer I S. 334 – ist danach nicht haltbar.)

[34] Die ausgedehnte Literatur über Königsberg wird im folgenden, soweit erforderlich, in den Anmerkungen genannt. – Was die Quellen betrifft, so sind die Aktenbestände des Königsberger Stadtarchivs (Ratsbücher, Steuerlisten, Akten der Zünfte und Gewerke usf.), soweit bekannt, 1945 verloren gegangen. Die erhalten gebliebenen Bestände des Königs-

germeister vorstand, das Regiment. Ihr Kollegium ergänzte sich bei Vakanzen durch Kooptation, in der Regel aus dem Kreis der Schöffen, die das städtische Gericht bildeten.[35] Dabei spielten verwandtschaftliche Beziehungen eine (vergleichsweise) geringe Rolle[36]; Ratsdynastien wie in anderen Städten gab es in Königsberg nicht. Maßgebend war vielmehr die Zugehörigkeit zu den großbürgerlichen Zünften der Kaufleute, die die größte Zahl der Kneiphöfischen Ratsmitglieder stellten, oder der Mälzenbräuer (also Bierbrauer). Schon die Handwerker etwa und Ackerbürger waren nicht beteiligt am eigentlichen Stadtregiment, wohl aber kurfürstliche Beamte und Gelehrte, insbesondere Juristen, neben Professoren auch Lehrer der Lateinschulen, Apotheker gelegentlich, sogar Chirurgen.[37] Nahezu die Hälfte der von 1525 bis 1724 für den Kneiphof nachweisbaren ‚Ratsverwandten' war an der Königsberger Akademie immatrikuliert gewesen[38] und hatte jedenfalls durch das obligatorische Grundstudium in der Artisten-Fakultät Kontakte gehabt auch mit den schönen Wissenschaften und Künsten. Diese Verhältnisse also waren im Spiel, als „vom Raht" des Kneiphofs dem Professor der Poesie, der unseren Text verfaßt hat,

---

berger Staatsarchivs (also der landesherrlichen Behörden in Preußen, die freilich häufig auch städtische Angelegenheiten betreffen) befinden sich im Staatlichen Archivlager Göttingen (Archivbestände Preußischer Kulturbesitz). Sie werden im folgenden angeführt mit der Angabe Staatl. Archivlager Göttingen und der jeweiligen Signatur.

[35] William Meyer (Die Königsberger Ratsherren des 16. und 17. Jahrhunderts. In: Ostpreußen. 700 Jahre deutsches Land. Hrsg. Ludwig Goldstein, 1930, hier S. 42) hat für die Zeit von der Errichtung des weltlichen Herzogtums Preußen bis zur Vereinigung der drei Städte, also von 1525 bis 1724, im Kneiphof 155 Ratsmitglieder nachgewiesen, unter denen mindestens 128 von der Schöffenbank auf den Ratsstuhl gelangten.

[36] Die 455 von Meyer (S. 41f.) nachgewiesenen Ratsherren der drei Städte stammten aus 267 verschiedenen Geschlechtern, von denen – auf alle drei Rathäuser gerechnet – in 200 Jahren nur 4 mehr als 5 Ratsherren gestellt haben. Etwa ein Drittel der Ratsmitglieder hatte freilich Frauen geheiratet, die nah verwandt waren mit ihren Vorgängern oder Kollegen im Rat; auch das aber ist, verglichen mit der starken Geschlossenheit der regierenden Geschlechter anderer Städte, ein eher niedriger Anteil. Daß man die Gefahr familiärer Cliquenwirtschaft sehr wohl gesehen hat und die Zünfte ihr entschieden widerstrebten, zeigt die „Transactio" von 1620 (gedruckt Thorn 1624). In diesem für die Beziehungen zwischen den Zünften, den Räten der drei Städte und dem Landesherrn in den folgenden Jahren entscheidend wichtigen Vertragswerk setzen die Königsberger Kaufleute und Mälzenbräuer gegenüber den amtierenden Räten die ausdrückliche Bestimmung durch, daß enge Verwandtschaft mit anderen Räten und Schöffen die Wahl in diese Ämter überhaupt ausschlösse. – Vgl. dazu Gerhard von Glinski: Die Königsberger Kaufmannschaft des 17. und 18. Jahrhunderts. Wissenschaftl. Beiträge zur Geschichte u. Landeskunde Ost-Mitteleuropas Nr. 70, 1964, S. 9ff., insbesondere S. 15.

[37] Vgl. Meyer S. 44.

[38] 66 von 155 (vgl. Meyer S. 44). Freilich sind diese aus den Universitätsmatrikeln gezogenen Angaben deshalb nicht völlig zuverlässig, weil die Söhne des gehobenen Bürgerstandes oft schon (und gelegentlich nur) als Kinder, gewissermaßen ehrenhalber, in die Matrikel eingetragen wurden.

1644 eine auf Lebenszeit freie Wohnung in der Magistergasse[39] und dem Domorganisten und Tonsetzer, von dem in diesem Text die Rede ist, 1632 sein Gartengrundstück ,eingegeben ward'[40].

Das lag auf der vom nördlichen und südlichen Arm des Pregel umfaßten Lomse-Insel[41], zu der man vom Kneiphof her über die als letzte der sieben alten Königsberger Brücken 1542 erbaute Honigbrücke gelangte.[42] Denn innerhalb der Städte gab es für Gärten keinen Platz[43]:

Schon die in der zweiten Hälfte des 13. Jahrhunderts mit Unterstützung Lübecks vom Deutschen Orden gegründete Altstadt Königsberg[44] war – wie alle Gründungen im Ordensland – in ihren Größenordnungen von vornherein festgelegt, gleichmäßig aufgeteilt in eine vorbestimmte Zahl von Hofstellen,

---

[39] Vgl. „Das Leben Simonis Dachii eines Preußischen Poeten." In: Erleutertes Preußen I/3, 1723, hier S. 175: „Sie [Dachs Witwe Regina geb. Pohl] hat mit unserem Dachen gewohnet in der Magister-Gasse, das fünffte Hauß vom Honig-Thor, nahe bey der itzigen Rector Wohnung, da ihm der Kneiphöfische Raht auf sein Lebenlang eine freye Wohnung gegeben."

[40] Der Komponist, dem die Vergünstigung der Grundstücksvergabe galt, hat auch als Komponist darauf geantwortet: Den von 1638–41 erscheinenden 4 ersten Teilen seiner „Arien" (1638–50 in 8 Teilen gedruckt; neben Scheins „Wald-Liederlein" „unbestreitbar das repräsentativste deutsche Liederwerk des 17. Jh.", Musik in Geschichte u. Gegenwart I, 1949–51, Sp. 291) hat er – jedenfalls in einigen Dedikationsexemplaren – eine Widmung vorangestellt, in der er erklärte, er wolle mit diesen Liedern an „Bürgermeister vnd Rath der Churfl. Brandenb. Stadt Kneiphoff Königsberg" seinen Dank abstatten für die von ihnen empfangenen „allerhand Wolthaten", und darum bittet, ihn und die Seinen „ferner in Väterlicher Fürsorge zu behalten". (Vollständiger Abdruck in: Gedichte des Königsberger Dichterkreises. Hrsg. L. H. Fischer, 2. Hälfte, 1884, S. XXXIX.)

[41] Es grenzte das Grundstück wahrscheinlich an Pregel und Lindengraben. Zur Lage des Gärtchens zuletzt Walther Franz: Die Königsberger Kürbishütte. In: Das Ostpreußenblatt, Jg. 10, 11. 4. 1959, S. 10 und Fritz Gause: die Geschichte der Stadt Königsberg in Preussen. 1, 1965, S. 468. – Daß das Grundstück auf den Hufen, also weit nordwestlich des Kneiphofs gelegen habe (so in: Simon Dach. Hrsg. Hermann Österley, 1876, S. 30 und anderen älteren Arbeiten), ist nach den topographischen Angaben in Dachs „Klage" nicht haltbar.

[42] Dach („Klage", 17f.): „Du machtest dich hinauß, sobald daß Honigthor Nur aufgeschlossen ward". – Vgl. Gustav Theodor Hoffheinz: Die sieben Brücken in Königsberg. In: Altpreußische Monatsschrift, N. F. 18, 1881, S. 282ff.

Für die Stadt Kneiphof eröffnete diese Honigbrücke den Zugang zu einem Handelsweg, welcher von der Altstadt (über die Holzbrücke zur Lomse-Insel; auf dem dort um die Mitte des 15. Jahrhunderts aufgeschütteten Weidendamm; über die 1508 fertiggestellte Hohe Brücke über den südlichen Pregel) ins Hinterland, nach Natangen, Barten, Ermland führte.

[43] Mit Ländereien außerhalb der Befestigungen für den Weidegang, Heugewinn, Holzeinschlag, Fischfang und Nutzgartenbau der Bürger hat deshalb schon der Orden die drei von ihm gegründeten Städte ausgestattet.

[44] Zur Gründungsgeschichte der drei Städte Königsberg vgl. insbesondere Christian Krollmann: Die Entstehung der Stadt Königsberg, 1939, und Fritz Gause: Die Gründung der Stadt Königsberg im Zusammenhang der Politik des Ordens und der Stadt Lübeck. In: Zeitschr. f. Ostforschung 3, 1954, S. 517ff.

mit denen das Bürgerrecht verbunden war. Hatten sich die Waben dieses städtischen Bienenstocks gefüllt, so war ein Wirtschafts-, Verwaltungs- und Sozialgebilde entstanden, dessen projektiertes Ordnungsgefüge man durch weitere Teilung der Hofstellen oder Ausdehnung der Stadtgrenzen, also durch Verdichtung oder Auswucherung nicht mehr antastete. Anhaltende Zuwanderung führte hier, wie in vergleichbaren Fällen überall im Osten, zur Neugründung von Nachbarstädten. Im Jahre 1300 entsteht so das Handwerkerstädtchen Löbenicht, 1327 die vom Pregel umflossene kleine Kaufmannsstadt Kneiphof. Hier zwang der feuchte Boden des alten Urstromtals zu einer mühselig-kostspieligen Bauweise, auf Pfahlrosten mußte man die Häuser errichten; und ohnehin war das Areal dieser Flußinsel natürlich begrenzt. Rechtwinklig angelegte Straßenzüge, parallel geführte schmale Gassen gliederten es in Hofstätten, deren Grundfläche am Westrand 2 × 4, sonst 4 × 5 Ruten betrug[45] (das heißt: nicht mehr als etwa 9 × 17 oder 17 × 22 m).

Die hier im Ausschnitt reproduzierte Ansicht von Königsberg[46] [siehe TAFEL II, neben Seite 33] macht aus der Vogelperspektive die Folgen augenfällig. Oben noch ein Teil von Altstadt und Löbenicht; in der Mitte der Kneiphof, an dessen Ostufer Honigtor und Honigbrücke auf die Lomse-Insel führen. 1613 vom Königsberger Kupferstecher Joachim Bering gezeichnet. Aber der damalige Bebauungszustand entsprach schon ganz dem der für uns zur Rede stehenden Jahre[47]: So eng beeinander stehen die Häuser, leben da die Menschen, daß der Widerstreit unterschiedlicher Interessen, privater und öffentlicher Belange unter dem zunehmenden Druck der Bevölkerungsdichte[48] ein

---

[45] So Fritz Gause: Die Geschichte der Stadt Königsberg in Preussen. 1, 1965, S. 38.

[46] Original im Staatl. Archivlager Göttingen, Sign.: A 1; eine verkleinerte Wiedergabe in Fritz Gause: Die Geschichte der Stadt Königsberg in Preussen. 1, 1965 (Tafel XI).

[47] Eine Königsberger Stadtansicht im Merian-Band von 1652 („Topographia Electorat. Brandenburgici et Ducatus Pomeraniae etc." – Vgl. H. Eckardt: Matthaeus Merian, 1887, S. 139; verkleinerte Wiedergabe in Walther Franz: Geschichte der Stadt Königsberg. 1934, Tafel 10) kann sich deshalb für die Bebauung der Stadt, nachzeichnend, noch immer auf Berings Plan von 1613 stützen.

[48] Über die Einwohnerzahl der drei Städte Königsberg liegen, soweit ich sehe, für das 17. Jahrhundert keine zuverlässigen Angaben vor. Ein Kneiphöfisches Contributionsregister von 1622 (früher im Königsberger Stadtarchiv, jetzt verschollen) verzeichnete nach den Angaben von Carl Schulz (Familienkundliches aus dem Contributionsregister des Kneiphofs in Königsberg Pr. vom Jahre 1622. In: Ekkehard, Mitteilungsblatt deutscher Genealogischer Abende. 3, 1927, S. 50 ff.) rund 900 Bürger (also nicht Einwohner, sondern Familienvorstände mit Bürgerrecht), die zur städtischen Vermögenssteuer herangezogen wurden. Von einer solchen Steuerliste darf man zuverlässige Angaben erwarten. Eine Hochrechnung auf die Bevölkerungszahl des Kneiphofs in dieser Zeit würde auf etwa 6000 Bewohner kommen. Damit vertrüge sich die Angabe, daß an einer Musterung im Jahre 1635 2000 Bürger (also wehrfähige Männer) aus dem Kneiphof teilnahmen. (Vgl. A. Meckelburg: General-Musterung der Bürger der drei Städte Königsberg am 30. Mai 1635. In: Der neuen Preuß. Provinzial-Blätter andere Folge VIII, 1855, hier S. 37.)

ganzes System disziplinierender Regelungen hervortreibt. Das geschieht durch ständige Erweiterung und Differenzierung des mittelalterlichen Katalogs von Marktordnungen, Gesindeordnungen, Kleiderordnungen[49], Bettelordnungen usw., durch Vorschriften, die die Verschmutzung der Straßen und die Verunreinigung des Pregel in halbwegs erträglichen Grenzen halten, dem Aufwand bei Hochzeiten und Begräbnissen steuern, das Glücksspiel einschränken, Raufereien und Ruhestörungen verhindern sollten usf. Diese „Sozialregulierung" (so definiert Gerhard Oestreich die Absicht der städtischen Policey-Ordnungen der Zeit[50]) hat den Standort des einzelnen im ständischen Gemeinwesen und seinen Bewegungsspielraum in allem privaten, beruflichen, öffentlichen Verhalten genau bestimmt und eng begrenzt.

Wo ist Vnmuht, wo ist Pein,
Wo Bekümmerniß vnd Sorgen
Vmb Tag, Abend, Nacht vnd Morgen?

fragt Simon Dach 1645, wenn für die Altstadt ein neuer Bürgermeister bestellt wird:

Wo viel Köpffe der Gemein,
Die durchauß auf Freyheit dringen,
Vnter einen Hut zu bringen![51]

Eine späte Mythen-Kontamination hat als Städtegründer den Orpheus gefeiert, der mit dem Klang seiner Leier die Steine zu Mauern fügte.[52] „Orpheus vnsrer Zeit" nennt Dach in unserem Text den Domorganisten, und er sagt an dieser Stelle:

Fahr fort der Stimmen Zwist in Eintracht schön zu bringen,
Wie du bißher getan. (207 ff.)

In den polyphonen Kompositionen des Freundes, ihrem kunstvollen Gebäude der kontrapunktischen Stimmführung – eingeordnet in den Zusammenhang des harmonischen Systems, begegnete ihm, zur Kunst erhoben, das

---

[49] Dazu u. a. Liselotte C. Eisenbart: Kleiderordnungen der deutschen Städte zwischen 1350 und 1700 (Göttinger Bausteine zur Geschichtswissenschaft 32), 1962 und Volker Sinemus: Stilordnung, Kleiderordnung und Gesellschaftsordnung im 17. Jahrhundert. Im Berichtsband des Barock-Symposions (vgl. Anm. 2).

[50] Vgl. Gerhard Oestreich: Policey und Prudentia civilis in der barocken Gesellschaft von Stadt und Staat. Im Berichtsband des Barock-Symposions (vgl. Anm. 2).

[51] I S. 143.

[52] Vgl. EMBLEMATA (Anm. 23), Sp. 1610/1609: Nicolas Reusner (1581), der Orpheus mit dem Amphion gleichsetzt, und Petrus Costalius (1555), bei dem es dann vom Orpheus heißt:

Condidit hic hominum coetus, et moenia primus
Artifici posuit non violata, manu.

gleiche Prinzip, nach dem die Policey-Ordnungen das städtische Gemeinwesen zu regulieren und seiner Bürger Zwist in Eintracht zu bringen suchten.[53] Es kann wenig Zweifel daran bestehen, daß er dieses Harmonieprinzip als Widerschein einer himmlischen Ordnung verstand. Auf Alberts Lehrer und Konkurrenten in Königsberg hat er die gleiche Formel bezogen und ihre Bedeutung dabei sichtbar gemacht:

Stobaeus möchte Deutsch= vnd Welsch=Land setzen lehren.
Was lieb= vnd künst=lichers ist, als was Er gemacht,
Wenn Er der Stimmen zwist in Eintracht hat gebracht?
Vns düncket daß wir selbst der Engel Lieder hören.[54]

Aber daß er in seinen Versen vom „Lerm" der Stadt redet und vom „Gedräng" und „Getümmel" der Leute statt von himmlischen Harmonien; daß er häufiger noch ihren „Zwist" beklagt und ihre „Mißgunst" und „Eigennutz vnd tausend Sünden", das haben auch diese Policey-Ordnungen nicht verhindern können. Weil das überhand nahm, deshalb gab es sie ja. „Jn ärgerlichen Städten leben Jst zwischen Hell vnd Himmel schweben."[55] Dach war nicht etwa blind für seine Umgebung, schreibt doch in unserem Text:

Wer hat vor vnß gesehn in wenig hundert Jahren
Der dreyen Städte Pracht, die Kirchen, Schiff vnd Wahren (143 f.).

Aber selbst wenn er in einem Dank-Gedicht an den Rat für seine Wohnung in der Magistergasse von dem redet, „was in dieser Stadt Mich inniglich ergetzet", nennt er doch nur den Fluß, die Wiesen und Weiden, auf die sein Blick fällt, Dörfer in der Ferne und das gerade, was diesen Städten fehlt:

Sol mich die Lufft begnügen?
Hier ist sie frisch vnd rein.
Sucht ich auch Liecht zu kriegen?
Hie wohnt der Sonnen=Schein.

---

[53] Nicht auf Alberts monodische Arien, seine Sologesänge mit Generalbaß für den häuslichen Gebrauch, in denen man heute seine bedeutendste Leistung sehen will (vgl. etwa Hermann Kretzschmar in: Arien von Heinrich Albert. Hrsg. Eduard Bernoulli. Denkmäler Deutscher Tonkunst 12, I, 1903, S. I ff.), kann sich „der Stimmen Zwist" beziehen, sondern allein auf polyphone Kompositionen, wie er sie für kirchliche Feste, Huldigungsfeierlichkeiten, Hochzeiten und Begräbnisse verfaßte. Sie vor allem begründeten auch die öffentliche Geltung des Komponisten unter den Zeitgenossen und seinen äußeren, finanziellen Erfolg, stehen übrigens in seinen Veröffentlichungen gegenüber den monodischen Arbeiten (entgegen der Behauptung in: Musik in Geschichte und Gegenwart I 1949–51, Artikel „Albert", Sp. 291) auch durchaus in der Überzahl. – Für entsprechenden musikhistorischen Nachhilfeunterricht bedanke ich mich bei Herrn Dr. Hans Joachim Kreutzer.

[54] I S. 66.

[55] I S. 255 u. 267; II S. 73; I S. 195.

Wil ich nach Rhue auch stehen?
Die Stille herbergt hier.
Ein wenig mich ergehen?
Das Thor ist vor der Thür.[56]

Daß überhaupt die von Stadtbewohnern verfaßte Lyrik des Barockzeitalters weit seltener die Pracht der Städte vorstellt als die Schönheit freier Natur, die Freuden des Landlebens und die Gartenlust, mag über der Betrachtung von Berings Königsberger Stadtansicht um einiges weniger schwer verständlich werden – und begreiflich also, was Dach in einem Hochzeitsgedicht des Jahres 1647 schreibt:

Wie wir Kälber frölich schawen,
Wenn der Hirt im Vorjahr sie
Nach des langen winters Müh
Außlesst auff die grünen Awen,
So sind wir, wenn vns die Stadt
Etwa außgelassen hat.[57]

Auf seinem kleinen Grundstück also vor dieser Stadt hat der Domorganist mit dem Bälgetreter die Kürbishütte gebaut, das blühende Gärtchen angelegt, dessen glückliche Tage und Jahre der dichtende Freund ihm hier festhält. Mühelos fügt seine Sprache sich dabei in die weiträumigen Alexandrinerpaare des Gedichts. Der Verslehrer Martin Opitz (der 1638 die preußische Provinz seines poetologischen Herrschaftsbereiches inspizierte, begrüßt in Königsberg „durch hülffe etlicher Studiosorum" mit einem von Dach verfaßten, von Albert komponierten Willkommenslied[58]) hatte konstatiert, daß die Alexandriner „wegen jhrer weitleufftigkeit der vngebundenen vnnd freyen rede zue sehr ähnlich sindt / wann sie nicht jhren mann finden / der sie mit lebendigen farben

[56] I S. 131.

[57] I S. 196.

[58] Vgl. I S. 51 f. u. 325 f. – Erste und letzte Strophe:

JSt es vnsrer Seiten Werck'
Je einmahl so wol gelungen,
Das wir dir, O Königsbergk,
Etwas gutes vorgesungen,
So vernimm auch dieß dabey,
Wer desselben Stiffter sey:

Doch wird auch des Pregels Randt,
Weil er ist, von Euch nicht schweigen,
Was von vns hie wird bekant,
Was wir singen oder geigen,
Vnser Nahme, Lust vnd Ruhe
Stehet Euch, Herr Opitz, zu.

herauß zue streichen weiß“.[59] Hier hat sich einer gefunden, der gerade diese Affinität zur ungebundenen, freien Rede nutzt. Und meinte Harsdörffer 1648 im „Poetischen Trichter“, daß der Alexandriner „gleich einer Trompeten die Wort / und Stimme einzwenget / daß sie so viel grössern Nachdruk haben“[60], so läßt sich doch Dachs Verssprache hier durch dieses Maß kaum irgendwo auf eine Stilhöhe nötigen, welche die entspannte Diktion einer wohlgesetzten Epistel unter Freunden aufhöbe. Bis zum warmherzigen Diminutiv ihrer vertrauten Gartengespräche neigt sie sich herab: „drey Jahrchen gehn vorbey.“ (37) Und wo sie dem Detail der dichtend-erinnerten Wirklichkeit so dicht anlag, daß deren unverwechselbarer Abdruck sich erhalten hat in den Versen, ermöglicht sie der Einbildungskraft noch immer, diesen Königsberger locus amoenus zu imaginieren.

Aufschlußreich dafür sind schon die Verse

> Dein Balgentreter auch war embsig neben dir,
> Der schon erhitzt euch baht vmb einen halben Bier. (21 f.)

So dicht ist die Sprache dem erinnerten Geschehen hier auf der Spur, daß sie vom durchgehenden ‚Du‘ der freundschaftlichen Anrede regelwidrig abweicht, bei indirekter Rede nämlich den Plural der 2. Person aufnimmt: jenes ‚Euch‘, mit dem da der Bälgetreter von dem Domorganisten, dem er beim Umgraben helfen muß, sein Bier erbeten hat. Für die Anrede eines Höherstehenden durch den Untergebenen ist diese Anrede in dieser Zeit eigentlich schon überholt.[61] Weshalb also verwendet der Bälgetreter für seine Bitte „vmb einen halben Bier“ nicht die üblich-korrekte Höflichkeitsform der 3. Person im Singular, sondern das eher altväterlich-ergebene ‚Ihr‘? Unter den Königsberger Archivalien findet sich ein „Actum“ von 1636, das selbst dafür eine Erklärung ermöglicht. Es stellt nämlich fest, daß man sich allgemein beschwere „vber das Gesinde / daß sie die Gaben Gottes / Essen vnd Trincken jhres Brotherrns verachten / tadlen / auch sich außdingen auff den Abend einen stoff oder halben Bier“, und verfügt, es solle dazu „kein Haußwirth obligiret werden / sondern sol frey stehen in deß Brotherrn Willen / so es die Zeit / die Arbeit / vnd der Dienstbote solches würdig ist / solches zu geben oder nicht zu geben“[62]. Über 300 Jahre hin bezeugt hier der Sprachgebrauch des Gedichts: So ist es gewesen. Und mit den lokalhistorischen Fakten zu-

---

[59] „Buch von der Deutschen Poeterey.“ 1624, S. Gij^{v}. (In: Neudrucke deutscher Literaturwerke N. F. 8. Hrsg. Richard Alewyn, 1963, S. 39–G 2 ^{b}).

[60] „Poetischen Trichters zweyter Theil.“ Nürnberg 1648, S. 79.

[61] Vgl. George J. Metcalf: Forms of Address in German (1500–1800). Washington Univ. Studies – N. S. Language and Literature No. 7, 1938, S. 76 f. („Ihr to Superiors“): „The use of Ihr in addressing superiors, previously one of its chief functions, became greatly limited in the seventeenth century. . . . The master still received Ihr from his servant, although such address was rare compared to its popularity in the preceding century.“

[62] Staatl. Archivlager Göttingen, Sign.: EM 110h, 2, Bl. 138^{r}.

gleich betrifft solches Zeugnis eine Qualität dieser Verse. Für das in ihnen aufgehobene Gärtchen mit der Kürbishütte gilt, was Dach da später von Magdeburg sagt, der herrlichen, der im Feuer des Krieges untergegangenen Stadt: „Jch habe dich gesehn!" (117).[63]

Freilich, nicht nur wie Albert den Garten angelegt hat, beschreibt der Freund, und wie er dann den Freunden „ein rechtes Frewden Ort" (90) gewesen. Weiter noch in die Vorgeschichte greift er zurück:

> Vor war es eine Warte
> Der wilden Kriegesmacht, ietzt muß es seyn ein Garte,
> Der Ruh vnd Frewde bringt (35 ff.).

Und später noch einmal: Es war ein „Bollwerck" erst,

> wo vormahls Spieß vnd Degen,
> Soldaten vnd Geschoß vnd Harnisch sindt gelegen.
> Alß Gott zu vnß gelenckt des edlen Friedens Sinn
> Kamst du vnd pflantztest Bäum vnd schöne Blumen hin. (111 ff.)

Gegenüber der militärischen Befestigung, dem kleinen Heer- und Waffenlager, das sich da früher befand, erscheint der Garten so als Zeugnis, als Sinnbild einer höheren Stufe des Kultivierungsprozesses, der die Erde dem Menschen bewohnbar macht. In dieser Absage an die Kriegslust, die ritterliche Freude am Waffenwerk äußert sich mehr als die Privatansicht eines friedliebend-sanften Poeten. Hier wird er zum Sprecher der Stadt. Die alten Befestigungsanlagen aus der Ordenszeit, mit denen die „Warte", das „Bollwerck", mag zusammengehangen haben, hat man verfallen oder veralten lassen.[64] Denn im Windschatten ihrer geographischen Lage ist diese Kaufmannsstadt verschont ge-

---

[63] In Magdeburg war Dach von 1623 (nachdem er die Kneiphöfische Domschule, später die Stadtschule in Wittenberg besucht hatte) bis 1626, also fünf Jahre vor der Zerstörung der Stadt, zur Schule gegangen: „auff dem Gymnasio, welches damahls seines gleichen keines hatte, einen festen Grund der freyen Künste zu legen." („Das Leben Simonis Dachii eines Preußischen Poeten." In: Erleutertes Preußen I/3, 1723, hier S. 162.)

[64] 1626 nötigten die unsicheren Verhältnisse im Zusammenhang des ersten schwedisch-polnischen Krieges freilich zu erheblichen Verteidigungsanstrengungen: eine weit über die alten Stadtgrenzen ausgreifende, 15 km lange Befestigungsanlage im Bastionärsystem wurde errichtet, die auch über die Lomse-Insel führte, Alberts Gärtchen so gut wie sicher mit eingeschlossen hat (vgl. die Skizze „Wallbefestigung von 1626" bei Traugott Ehrhardt: Die Geschichte der Festung Königsberg/Pr. 1257–1945. Ostdeutsche Beiträge aus dem Göttinger Arbeitskreis XVII. 1960, S. 16). 1640 waren die Wallaufschüttungen erst etwa halbfertig (Ehrhardt S. 17). Nicht haltbar ist deshalb Ziesemers Angabe zur Lage des Gärtchens (Simon Dach. In: Altpreußische Forschungen 1, 1924, hier S. 43): Albert „hatte, als nach den Kriegsjahren von 1626–1629 Friede eingetreten war und die aufgeworfenen [meint also: neuen] Wälle nicht mehr unmittelbar nötig erschienen, im Jahre 1630 vom Rat die Erlaubnis erhalten, an einer Stelle des bisherigen Walles einen Garten anzulegen."

blieben vom großen Krieg in Deutschland, und militärische Veranstaltungen, Verteidigungsausgaben (wofern sie halbwegs entbehrlich scheinen und nicht mit Geschäftsinteressen verbunden sind) müssen dem von kaufmännischem, wirtschaftlichem Denken bestimmten städtischen Gemeinwesen sinnlos erscheinen.[65] Wenn 1626 die schwedische Flotte in Pillau landet und Gustav Adolf, um sich den Rücken freizuhalten für seine Operationen, eine Neutralitätserklärung von Königsberg fordert binnen drei Tagen, sind denn auch die Befestigungen und sind die mangelhaft ausgebildeten, kriegsunlustigen Truppen in so trostloser Verfassung[66], daß eine Wahl kaum bleibt. Im Krieg der Schweden gegen Polen, deren König doch ihr eigener Oberlehnsherr ist, erklären die drei Städte sich neutral, bis zu den Waffenstillständen von Altmark (1629) und Stuhmsdorf (1635), – gegen eine Zusage, daß sie verschont bleiben sollten von militärischen Aktionen, gegen eine Sicherheitsgarantie für ihren Handel.[67] Das war's, „Alß Gott zu vnß gelenckt des edlen Friedens Sinn".

„dieß Ort war vngestalt" (33). Dann kamen Albert und der Bälgetreter, dann die Freunde in das „kleine Paradieß" (40). Jetzt aber ist das Gartengrundstück wieder eingezogen worden – wie heute Schrebergärten und Laubenkolonien vor der Stadt – um eines Straßenbaus willen:

> Ach daß, wo kurtz hievor die schönsten Blumen waren,
> Die Land vnd BürgersLeut ietzt reiten, gehen, fahren! (99 ff.)

Jetzt ist es wieder, was es am Anfang war, „Wüsteney" (4): „Waß grawen seh ich doch? herrscht hie nun Schlam vnd Wust" (1). Der Rückgriff in die Vorgeschichte, auf den Anfang, in dem das Ende vorgebildet ist, stellt so die strukturale Gleichung mit der biblischen Heilsgeschichte her. Wüst und leer die Erde am Anfang. Dann die Schöpfung, das Paradies. Und die Apokalypse am Ende, mit der das Chaos wiederkehrt. Das Königsberger Gärtchen mit der Kürbishütte wird zum Modell der Welt.

---

[65] Dazu Fritz Gause: Die Geschichte der Stadt Königsberg in Preussen. 1, 1965, S. 399. – Es ist bezeichnend für diese Einstellung, daß sich, 1644 von Caspar Stein beschrieben (vgl. Anm. 73; Acad. Alb. Regim. 1874 III, S. 10), im Löbenichter Remter, wo die Ratsherren, Schöffen und Mälzenbräuer ihre Stammtische hatten, unter den emblemartigen Darstellungen der vertäfelten Verschläge „Adolescentes inobedientes sonum tympani sequentes" befanden – mit dem Epigramm:

> Was in der welt kein guts thun wil
> Das folgt zuletzt dem Trummelspil.

[66] Vgl. Max Hein: Königsberg im ersten schwedisch-polnischen Kriege (1626–1635). In: Altpreußische Beiträge 1933, hier S. 83.

[67] Dazu Max Hein S. 87.

Heinrich Albert: „Musicalische Kürbs-Hütte", Titelkupfer. – Zu Seite 21.

TAFEL II

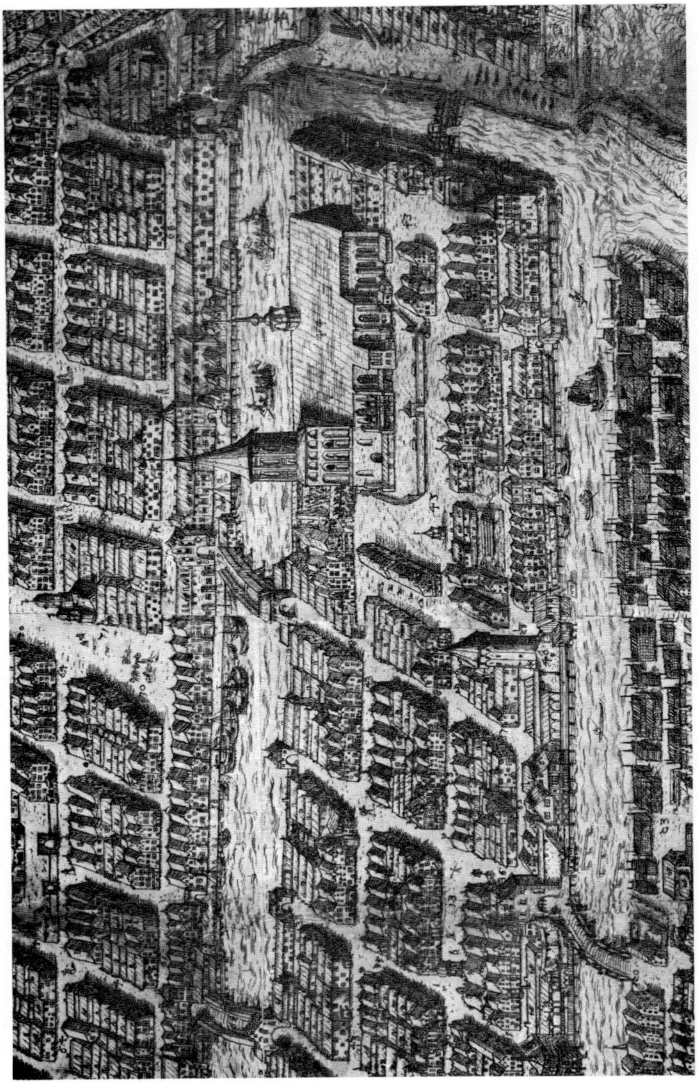

Joachim Bering: Ansicht von Königsberg, Ausschnitt. – Zu Seite 26.

Schon Borias emblematische subscriptio[68] notierte, wofür die vergängliche Kürbishütte steht: „Schönheit / Stärcke / Macht / Grösse / Herrschafft / Regierung“ und, „was alle übertrifft / die Betrachtung des Lebens selbsten“. Dach folgt genau dieser Spur, trägt gleichsam in die Rubriken dieses Schemas seine Realien ein. Unter „Betrachtung des Lebens selbsten“ erscheint so die eigene Vergänglichkeitsgewißheit:

> Eß kränckt mich, daß auch ich der Zeit bin vnterthan
> Vnd werde nur von ihr ohn Säumnüs fortgerissen.
> Mein Früling ist schon fort, wie strenge Wasser fliessen (126 ff.).

In die Spalten „Schönheit / Stärcke / Macht / Grösse / Herrschafft / Regierung“ aber schreibt er die großen untergegangenen Städte: Sodom und Babel, Theben und Korinth, Karthago und Rom, Magdeburg am Ende. „Kein Hauß, kein Stadtbaw darff ihm andre Rechnung machen“ (136), und so tritt auch Königsberg in die Reihe der Exempel:

> Der dreyen Städte Pracht, die Kirchen, Schiff vnd Wahren (144).

Kürzel sind diese Worte, aber auflösbare. Was sie dem Zeitgenossen von 1641 signalisierten, läßt sich unschwer bestimmen. Einen Hinweis darauf gibt das Gedicht, wenn vom Pregel die Rede ist, an dem die Kürbishütte steht:

> hie sind so offt gelegen
> Die Reussen, so mit Korn vnß zu versehen pflegen
> Vnd andern Wahren mehr (75 ff.).[69]

Durch das Netz der binnenländischen Wasserstraßen und seine Lage nahe der Pregelmündung ins Frische Haff der Ostsee nämlich war Königsberg ein von der Natur begünstigter Stapelplatz und Umschlaghafen für die Güter, die aus Ostpreußen und Polen, Litauen, dem westlichen Rußland nach Westen gingen (unter den schweren Massengütern an erster Stelle Getreide) und die durch den Sund vom Westen dahin kamen (Salz vor allem, von der Westküste Frankreichs). Die gewaltige Expansion des europäischen Seeverkehrs, günstige Zollverhältnisse, auch Blockierungen der konkurrierenden Ostseehäfen haben dafür gesorgt, daß die mit dem letzten Drittel des 16. Jahrhunderts einsetzende Blütezeit dieses Handelshafens in den ersten Jahrzehnten des 17. Jahrhunderts ihren Höhepunkt erreichte. Bezogen auf die Mitte des 16. Jahrhunderts hat sich das Transportvolumen der Königsberg anlaufenden Schiffe um die Jahr-

---

[68] Vgl. oben S. 20.

[69] Das russische Getreide, auf dessen Ausfuhr der Zar ein Monopol ausübt, kommt aus den Kornmagazinen von Archangel, das im 16. und 17. Jahrhundert Hauptausfuhrhafen für den Getreideexport ist. – Zur russischen Getreidehandelspolitik vgl. W. Naudé: Die Getreidehandelspolitik der Europäischen Staaten vom 13. bis zum 18. Jahrhundert (Acta Borussica I). 1896, hier S. 409 ff.

hundertwende auf das 3½fache, von 1621–29 aber auf das fast 7½fache gesteigert. 1624 erklärt der Rat des Kneiphofs, daß „der Handell vndt Wandell dem Lieben Gott dauor gedanckt bey diesen Stedten Königsbergk tagtaglichen Zunimbt“[70]; 925 Schiffe lagen im Jahr zuvor im Vorhafen Pillau.[71] Kurz vor der Zeit, in der unser Text entstand, setzt dann der Rückgang ein: mit den Jahren 1631–45 fällt das Transportvolumen vom 7½fachen aufs 5fache zurück[72].

Aus dem Hafen aber hat Königsberg seinen Reichtum gezogen. Aus dem Warenumschlag stammt „Der dreyen Städte Pracht“ und der Wohlstand, den die hohen Fachwerkspeicher ihrer Kaufleute, die dichtgedrängten Häuser ihrer Großbürger, die Unterkünfte der fremden Kommissionshändler zeigen und bergen; „extra columnas, saxa, marmora, lateres, inscriptiones, figuras, statuas fulgentes“, so vermerkt über die Neubauten in der Langgasse des Kneiphofs der barocke Bädeker (Caspar Steins „Peregrinator“ von 1644), „intus vero picturas, fornaces, pavimenta, lacunaria, scandula variorum lignorum commissa tarificiosa, sellas, mensas, tapitia, vasa, vitra et utensilia nitidissima habent“.[73]

Was also wird aus diesem Königsberg? Kann das allein sich „andre Rechnung machen“?

O last auch vnß bemühen,
Damit wir solcher Art noch ferner mögen blühen.
Stellt allen Hochmuth ein! Nehmt euch der Demuth an,
Durch welche man allein am höchsten steigen kan.
Last keiner Vppigkeit vnd Boßheit ihren Willen,
Flieht Vnrecht vnd Gewald vnd suchet Gott zu stillen
Durch Busse, die er liebt, vnd mischt in solche Rew

---

70 Eingabe von „Burgemeister vndt Rath der Stadt Kneiphoff Königsbergk“ an den Kurfürsten, Juli 1624. Staatl. Archivlager Göttingen, Sign.: EM 70d, Nr. 8, Bl. 1v.

71 Vgl. Dillenburger: Beiträge zur Geschichte des Handels von Königsberg. I. In: Zeitschrift des Königl. Preuss. Statistischen Bureaus. Jg. 9, 1869, hier S. 55.

72 Vgl. Horst Kempas: Seeverkehr und Pfundzoll im Herzogtum Preussen. Ein Beitrag zur Geschichte des Seehandels im 16. und 17. Jahrhundert. Diss. Bonn 1964, S. 229.

73 Die Königsberg betreffenden Teile des 1640–48 verfaßten Werkes, die das wichtigste beschreibende Zeugnis über diese Stadt im 17. Jahrhundert darstellen, sind im lateinischen Wortlaut der inzwischen verschollenen Handschrift veröffentlicht in den Akademischen Festschriften der Albertus-Universität zu Königsberg zum 18. 1. u. 22. 3. 1873, 18. 1. u. 22. 3. 1874 (hier: Acad. Alb. Regim. 1874 I, S. 16 f.). – Übersetzung von Arnold Charisius (Caspar Stein: Das Alte Königsberg. Eine ausführliche Beschreibung der drei Städte Königsberg samt ihren Vorstädten und Freiheiten wie sie anno 1644 beschaffen waren. 1911, hier S. 50): „außen Säulen, Werkstein-, Marmor- oder Ziegelsteinfassaden, Inschriften, Figuren und glänzende Bildsäulen, innen aber Malereien, Öfen, ausgelegte Fußböden, getäfelte Decken, kunstvolle, aus Täfelchen verschiedenfarbiger Hölzer zusammengesetzte Mosaikarbeiten, Sessel, Tische, Teppiche, Vasen, Gläser und andere höchst geschmackvolle Gebrauchsgegenstände.“

Der Thränen heisse Glut vnd keine Heucheley.
Gott möchte seinen Stab sonst von vnß weiter setzen
Vnd auß ergrimtem Sinn mit Feinden vnß behetzen,
Durch Hunger, Pest vnd Brand vnß schlagen hie vnd da,
Biß daß er auß vnß macht ein wüstes Sodoma. (151 ff.)

Damit tritt Simon Dach nun selber in die Rolle des kleinen Propheten, der in der Kürbishütte saß vor der sündigen Stadt. Er hat das wohl gewußt, diese Rolle an anderer Stelle ausdrücklich auf sich bezogen, im „Preussischen Buß vnd BehtLied"[74] von 1647 nämlich seinem „hertzlieben Vaterlande" gesagt:

Auff, thut euch weh,
Wie Ninive,
Die[s] ist die Zeit der Gnaden,
Fleht umb Gedult,
Erkennt die Schuldt
Damit wir sind beladen.

Ernst und Aufrichtigkeit der christlichen Frömmigkeit dieses Bußpredigers infrage zu stellen, gibt es gar keinen Anlaß. Uns zwar erscheinen die Worte, die er in der „Klage" verwendet („Hochmuth" oder „Ṽppigkeit" oder „Boßheit"), wie leere Formeln und abgenutzte Klischees. Für den Sprecher oder Hörer von 1641 aber waren sie ohne Zweifel so wenig inhaltlos wie die Wendung da von „Hunger, Pest vnd Brand" das war in einer Zeit, für die eine ständig erfahrene schreckliche Drohung in diesen Worten lag. Nur was die Pest angeht: 1601/02 10000 Tote in Königsberg, 1620 11425, 1629 4113, 1639 1262 Tote, und so geht das weiter; Preußen gilt im Europa des 17. Jahrhunderts als eins der verseuchtesten Länder, in dem die Pest eigentlich gar nicht mehr erlosch.[75]

Was also meinte die Bußpredigt Simon Dachs in unserem Text, worauf bezog sie sich? Wovor hat er sich entsetzt und was hat er gefürchtet? Einiges gibt das eben angeführte „Buß vnd BethLied" ganz deutlich zu erkennen:

Gesöff vnd Frahß
Weis keine Mahß,
Daraus die Vnzucht springet,

[74] III S. 178 ff.

[75] So Wilhelm Sahm: Geschichte der Pest in Ostpreußen. 1905, hier S. 23, 28, 29, 30, 32. Für die im Hinblick auf die (nur zu schätzenden) Einwohnerzahlen unglaublich hohen Angaben von 1601/2 und 1620 bezieht sich Sahm auf amtliche, als sehr zuverlässig beurteilte Zeugnisse; zu bedenken wäre dabei, daß die Vorstädte und sog. Freiheiten wohl einbezogen sind und möglicherweise die Landbevölkerung hier in großer Zahl neben ärztlicher Behandlung auch Rettung vor gleichzeitiger Hungersnot suchte. – Der eindringlichste Pestbericht in Dachs Dichtungen: III S. 118.

Die sich gemein
Zu vns herein
Mit helllem Hauffen dringet.

Mit welcher Macht
Der Hoffart Pracht
Sich schwesterlich verbunden,
Die nie was spahrt,
Der Kleider Art
Wird new fast alle Stunden.

Was klag ich viel
Das leichte Spiel
Der Würffel vnd der Kartten,
Deß manche nicht
Ohn jhrer Pflicht
Vnd Arbeit Nachtheil wartten?

Ausschweifungen also in den Wirtshäusern, Kleiderluxus, Glücksspiel – es sind genau die Dinge, denen die Policey-Ordnungen der Zeit zu steuern suchen.[76] Aber warum eigentlich nimmt auch das geistliche Gedicht, dieses Bußtagslied so heftigen Anstoß daran? Ich will das an der Kleiderfrage andeuten versuchen. Ein zweiter Dach-Text dazu – aus dem Jahre 1652, als Trockenheit und Hungersnot herrschten:

Wir fasten, aber gehn gemein
Der Tracht nach Fürsten gleich herein.
Ist auch die Blindheit wol zufassen.
Der Vorraht in dem Hause schwindt

[76] Dazu beispielsweise die im „Actum auffm Fürstlichen Bischöfflichen Hause Seeburgk / den 22. Octobr. Anno 1636" verfügte Regelung: „Weiln das schädliche Laster deß stetten vberflüssigen Sauffens vnd Trunckenheit / auß welchem sonst allerley Vbel herkompt / in diesen Orten bey den Knechten vnd Dienstboten bißhero sehr eingeschlichen vnd fast vberhand genommen / vnd der Wirth durch jhres offtern Gesäuffes / in seiner Hauß- vnd andern Arbeit / mercklich verkürtzet wird; Als sol von nun an solches gäntzlich abgeschaffet vnd verboten seyn." (Staatl. Archivlager Göttingen, Sign.: EM 110h, 2, Bl. 137v),
die „Gesind- vnnd Kleider Ordnung ... revidiret auffm offentlichen Landtage zu Königsbergk / Anno 1633", wo es etwa heißt: „WEil auch in wenigen / vnd kurtzen Jahren / die grosse Gekröse an den weissen Kragen / sehr eingerissen / so wol allen Dienstmägden / Ammen / Warts- vnd Dienstweibern / die grosse Gekröse von vielen Schrotten / vnd thewren vornehmen Leinwandt / gäntzlich verbotten seyn" (EM 110h, 2, Bl. 107v)
und die Bestimmung im „Actum" von 1636: „Das Karten vnd Doppelspiel sol den Dienstboten auch gäntzlich verbotten seyn / vnd von keinem Wirthe in Städten vnd Dörffern nachgegeben werden / den Wirthen bey straff 10. fl. dem Doppler bey straff deß HalßEisens 3. Sontage." (EM 110h, 2, Bl. 138v).

Vnd unsre Söhn und Töchter sind
Nur Königs-Kinder auff den Gassen.[77]

Bürgerkinder in Fürstenkleidern. Es geht, hier wird das ganz deutlich, um Überschreitungen der Ständeschranken. Eben darauf zielen die Policey-Ordnungen auch. Sie wollen die ständischen Grenzen sichtbar halten: je tiefer einer steht in der Sozialordnung, desto weniger wird ihm zugestanden an Aufwand auch der Kleidung. Als Anwalt gehobener Stände gibt Dach sich freilich sonst nicht zu erkennen. Warum also hier? Ständeordnung wie Kleiderordnung sind Erbstücke mittelalterlichen ordo-Denkens, Ausdruck dort des Glaubens an eine gottgewollte Einrichtung der Welt. Und eben diese Vorstellung hat sich im 17. Jahrhundert keineswegs verloren. Es heißt den Sachverhalt um eine entscheidende Dimension verkürzen, wenn man in blinder Ideologiekritik allein als säkulares Phänomen ihn wahrnimmt. Sagt man freilich, daß der Glaube an eine solche göttliche Weltordnung objektiv doch allein der herrschenden Klasse diene, also die privilegierten Positionen der Feudalaristokratie sichere, dann muß man die Sache auch von der anderen Seite her sehen. Kleiderluxus nämlich heißt Verschwendung, wie Glücksspiel Müßiggang bedeutet. Beides sind Adelsprivilegien. Sparsamkeit aber und Fleiß, die dem opponieren, sind im Kneiphof wie überall Kaufmanns- und Handwerkertugenden und folgen deren eigenem Interesse. Auf ihnen beruht nicht nur das Wohlergehen des einzelnen, sondern auch die korporative materielle Kraft dieser drei Bürgerstädte, die im 17. Jahrhundert ja gerade gegen den Landesherren und häufig auch gegen die Adelskurien sich stemmt:

Es ist die Angst vor dem Zerbrechen jener Gott gedankten Ordnung, von der er auch seine Stadt und am Ende sich selber getragen sieht, welche Simon Dach nach Buße rufen läßt. Und Anlaß dazu gibt es genug am 13. Januar 1641.

Seit 1639 ist er Professor der Poesie. 1644 schreibt er in einem Festspiel zur Hundertjahrfeier der auf dem Kneiphof gelegenen Akademie:

Die Jugend seh' ich als ein Heer
Getrieben durch der Zeit Beschwer
Nach Königsberg in Preussen ziehen,
Jndem das Deutschland untergeht
Jm Brand und seinem Blute steht,
Wird Fried' und Kunst in Preussen blühen.[78]

Tatsächlich hat in diesen Jahren, in denen alle anderen Universitäten Deutschlands von den Kriegsunruhen in Mitleidenschaft gezogen werden, die Zahl der Studenten hier sprunghaft zu genommen.[79] Nur noch ein gutes Drittel von

---

[77] IV S. 21.

[78] II S. 318.

[79] Eulenburgs Zählungen der jährlichen Inskriptionen ergeben für 1620 an den deutschen

ihnen kommt aus Preußen[80], vorzugsweise sind es jetzt Polen, Ungarn, Siebenbürgener und insbesondere Deutsche. Collegia nationalia bilden sich so auch in Königsberg, und sie sind die Herde der Studentenunruhen dieser Zeit, die um das Jahr 1640 nachdrücklich sich bemerkbar machen.[81] Auch an Preußens Landesuniversität, wo nach Dachs Wunsch doch „Fried' und Kunst" blühen sollten, gilt jetzt, worüber Professor Meyfart aus Erfurt schon vier Jahre vorher gewettert hat: „Das ruchlose Volck der Academischen Jugend wil nicht gehorchen noch sich züchtigen lassen / es wil auff den HErrn nicht trawen noch sich zu seinem Gott halten. Jhre Fürsten die Rectoren seyn vnter jhnen brüllende Löwen / vnd jhre Richter in den Concilien manchmal Wölffe am Abend / die nichts lassen biß auff den Morgen vberbleiben."[82]

Im kirchlichen Bereich ging es keineswegs erfreulicher zu in dieser Zeit. Bissiges Professorengezänk herrschte in der Theologischen Fakultät und griff aus auf die lutherischen Stadtkirchen, von deren Kanzeln die orthodoxen Eiferer wüteten – gegen die Rotte der Calvinisten (die zu begünstigen der zum reformierten Bekenntnis übergetretene Landesherr verdächtigt wurde) wie gegen die Königsberger Anhänger des Helmstädters Calixtus, die zwischen den Konfessionen zu vermitteln suchten.[83] Bis der Kurfürst in den 60er Jahren ein Verbot durchsetzen konnte, hielt sich im öffentlichen Kirchengebet die Bitte: „Behüt uns Gott vor dem Calvinischen Sondergift."[84]

Nicht anders in der Politik.[85] Die große Auseinandersetzung zwischen dem absolutistischen Prinzip unumschränkter landesherrlicher Gewalt und der

---

Universitäten (ohne Rinteln und Trier) insgesamt 4777 Studenten, für 1641 nurmehr 2454. Dabei hat Königsberg 1620 nur 112, 1641 aber mit 391 Inskriptionen die mit Abstand höchste Studentenzahl. (Es folgen: Leipzig mit 290, Köln mit 254, Rostock mit 227, Wittenberg mit 186, Ingolstadt mit 152, Straßburg mit 152, Jena mit 143, Altdorf mit 124, Helmstedt mit 119, Frankfurt mit 82, Greifswald mit 81, Würzburg mit 59, Tübingen mit 57, Erfurt mit 53, Freiburg mit 26, Mainz mit 24, Paderborn mit 22, Gießen mit 8, Herborn mit 4 jährlichen Inskriptionen.) Vgl. Franz Eulenburg: Die Frequenz der deutschen Universitäten von ihrer Gründung bis zur Gegenwart. Abhandlg. d. Phil.-hist. Kl. d. Kgl. Sächs. Gesellschaft d. Wissenschaften, Bd. XXIV, II. Leipzig 1904, hier S. 290/291.

[80] Vgl. Götz von Selle: Geschichte der Albertus-Universität zu Königsberg. 1944, S. 75.

[81] Ebd. S. 76.

[82] Johann Matthäus Meyfart: „Christliche Erinnerung Von der Auß den Evangelischen Hochen Schulen in Teutschlandt an manchem ort entwichenen ordnungen vnd Erbaren Sitten, vnd bey dißen Elenden Zeiten eingeschlichenen Barbareyen." Erfurt 1636, hier S. 171. – Lesenswert insbesondere für Rektoren und Dekane ebd. S. 161 ff., für Professoren S. 174 u. 198.

[83] Selle S. 84 ff.

[84] Ebd. S. 103.

[85] Zum folgenden insbesondere: Horst Wischhöfer: Die ostpreußischen Stände im letzten Jahrzehnt vor dem Regierungsantritt des Großen Kurfürsten. (Göttinger Bausteine zur Ge-

alten ständestaatlichen Verfassung, in der dem Landesfürsten die Landstände gegenüberstanden, beherrscht in Deutschland die Szene. Den brandenburgischen Kurfürsten aber opponiert in Königsberg eine Bürgerschaft, deren Widerstandskraft nicht wie anderswo durch den großen Krieg gebrochen wurde, und der überdies die alte lehnsrechtliche Bindung Preußens an die polnische Krone eine auf Unabhängigkeit gerichtete Schaukelpolitik ermöglichte zwischen brandenburgischer Landesherrschaft und der polnischen Oberlehnsherrschaft, die ihr den Rücken stärkt. Nicht ohne Grund wird sich Königsberg der Lösung des Kurfürsten aus diesem Lehnsverhältnis widersetzen.[86] Anfang 1662 werden die Kneiphofbürger den Aufstand proben, die Wälle besetzen, den Polenkönig zu bewaffnetem Einschreiten rufen. Und erst wenn der Sprecher der Gemeine durch militärischen Handstreich verhaftet ist, die kurfürstlichen Kanonen sich auf den Kneiphof richten, wird der Widerstand der Bürgerschaft zusammenbrechen, wird 1663 mit der allgemeinen Huldigung auf dem Schloßplatz der Sieg des Absolutismus gefeiert werden, dem die Zukunft gehört, der die Stadt dem Landesherren unterwirft, ihre Bürger zu Untertanen machen und ihre innere Verfassung tiefgreifend verändern wird.[87] Sehr genau weiß man am 13. Januar, worum es geht auf dem durch den Tod des Kurfürsten eben unterbrochenen Landtag von 1640/41, auf dem Landesherr und Stände ihre Kräfte messen.

Auch in den Speichervierteln der Stadt und an der Börse sah es bedrohlich aus. Kurz zuvor, 1639, hatte der Kurfürst einen neuen hohen Seezoll eingeführt, der Dänenkönig daraufhin die nach Preußen bestimmten Schiffe seinerseits mit schweren Zöllen belastet: schlagartig ging in Königsberg der Fernverkehr der durch den Sund geführten Handelsflotten zugunsten Danzigs zurück (von 1638 auf 39 um die Hälfte, in den folgenden Jahren kontinuierlich[88]), mit ihm sinkt der von den umgeschlagenen Waren erhobene Pfundzoll[89], von dem in der Regel ein Drittel an die Städte fiel. Seine privilegierte Stellung im Ostseehandel hat Königsberg damals für immer verloren.

Eine zweite Entwicklung, die den ökonomischen Bestand der Stadt berührte, mag man als noch bedrohlicher empfunden haben. Außerhalb ihrer Mauern nämlich, in den Vorstädten und den auf landesherrlichem Grund gelegenen sogenannten ‚Freiheiten', hatten Zahl und Aktivität von Handwer-

---

schichtswissenschaft 29) 1958, und Hugo Rachel: Der Große Kurfürst und die ostpreußischen Stände 1640–1688. (Staats- u. sozialwiss. Forschungen 24/1) 1905.

[86] Vgl. Fritz Gause: Die Geschichte der Stadt Königsberg in Preussen. 1, 1965, S. 484 ff.

[87] Vgl. Gerhard Oestreich: Verfassungsgeschichte vom Ende des Mittelalters bis zum Ende des alten Reiches. (Gebhardt Handbuch der deutschen Geschichte, 9. Aufl., Taschenbuchausgabe Bd. 11) 1974, insbesondere S. 120 ff.

[88] Horst Kempas: Seeverkehr und Pfundzoll im Herzogtum Preussen. Ein Beitrag zur Geschichte des Seehandels im 16. und 17. Jahrhundert. Diss. Bonn 1964, S. 118 ff. u. S. 223 ff.

[89] Ebd. S. 2 f.

kern, die nicht in den alten Gewerken organisiert waren, von außerzünftigen Kaufleuten, die gegen alle halbherzigen kurfürstlichen Verbote einen ausgedehnten Handel betrieben, erschreckend zugenommen. Fremde waren das oft, vor allem Holländer und Schotten, Leute darunter, „an deren Geschäftsverkehr kein städtischer Kaufmann nur annähernd heranreichte."[90] Wenn das hergebrachte Zunftwesen der Stadt, auf korporative Sicherung abgestellt, durch rigorose Konkurrenzabwehr nach außen und penible Verteilungsregelungen nach innen den Beteiligten ihre ‚Nahrung' gleichermaßen beschränkte und garantierte, so regte sich jetzt da draußen ein neues, rücksichtslos expansives Wirtschaftsdenken, das auf einen von Zunftinteressen nicht mehr regulierten Gewinn des einzelnen sich richtete. Da gab es, um ein Beispiel zu nennen, den David Koch etwa[91], Calvinist bezeichnenderweise (wie viele der fremden Kaufleute und Händler). Münzmeister war er eigentlich. Der griff jetzt aus ins Mühlengeschäft, betrieb die beiden größten Getreidemühlen Königsbergs und übernahm von der kurfürstlichen Rentkammer (die ihm 1642 43256 Mark schuldig war) in Schuldpacht gleich noch drei weitere, die Mühle in Wargen, die Königsberger Malzmühle, die große Mühle in Lauth.[92] Auf die neue Geldwirtschaft gegründet, tritt jetzt auch hier der Typus des individualistischen Unternehmers auf den Plan, und von den ‚Freiheiten' her weht der scharfe Wind wirtschaftlicher Konkurrenz in die alte Stadt, der durch eine neue soziale Mobilität auch die altständische Ordnung gefährdet. Diesen Zusammenhang hat man sehr wohl gesehen. „Zünfte", erklärten die drei Städte auf dem Landtag von 1657, „sind bishero ein Mittel gewesen, dadurch die Einwohner von Frembden leicht unterschieden, eines Jeden Wandel, Leben und Wesen vermerket und also gute Policei und Ordnung erhalten werden können".[93] Königsbergs Kaufleute waren, wie die Wirtschaftsgeschichte lehrt[94], nicht die weitblickenden, kühnen Handelsherren des Danziger oder Hamburger Schlages, sondern reich gewordene Krämer eher, ließen

---

[90] Hugo Rachel: Handel und Handelsrecht von Königsberg in Preußen im 16.–18. Jahrhundert. In: Forschungen zur Brandenburgischen u. Preuß. Geschichte 22/I, 1909, hier S. 108.

[91] Dazu Fritz Gause: Geschichte der Stadt Königsberg in Preussen. 1, 1965, S. 422 f.

[92] Vgl. Dach, 1653 (IV S. 148):

Wir häuffen alle Geld und Gut,
Vnd geitzen ümb die Wette,
Als wenn GOtt hierümb seine Ruht'
Vns zugeschicket hätte.

[93] Kurt Breysig: Die Entwicklung des preußischen Ständethums von seinen Anfängen bis zum Regierungsantritt Friedrich Wilhelms. In: Urkunden und Actenstücke zur Geschichte des Kurfürsten Friedr. Wilh. v. Brandenburg 15, 1894, hier S. 665.

[94] Vgl. dazu Hugo Rachel: Handel und Handelsrecht von Königsberg in Preußen im 16.–18. Jahrhundert. In: Forschungen zur Brandenburgischen u. Preuß. Geschichte 22/I, 1909, hier insbesondere S. 110 ff.

kaum eigene Schiffe fahren, beharrten rigoros auf einem parasitären Stapelrecht, hielten sich an ihren auf Monopole und Privilegien gegründeten Zwischenhandel. Diese Zunft besetzt die Schöffenbank und die Ratsstühle, bestimmt entscheidend das Regiment der Stadt und ihren Gemeingeist. Und ihre angstvoll auf Besitzstandswahrung gerichtete Rentnermentalität grundiert noch die Schlußverse der Bußpredigt, die der kleine Prophet in der Kürbishütte da aus dem Geist der Stadt an seine Stadt gerichtet hat:

> O würden wir doch klug durch frembder Noht vnd Schaden,
> Ohn Zweiffel kähmen wir bey Gott hiedurch zu Gnaden!
> Daß gutte, so vnß hält vmgeben in gemein,
> Würd vnsrer Kinder auch, ja Kindes Kinder seyn. (195 ff.)

„Wir" sagt er, sagt „vnsrer Kinder". Die Poesie dieser Zeit privilegiert das lyrische ‚Ich', wendet sich im geistlichen, im Freundschafts- und Liebesgedicht an das ‚Du', setzt aber bemerkenswert selten das Plural-Pronomen der 1. Person. Selbst im Kirchenlied des 17. Jahrhunderts wird das ‚Wir' der Gemeinde in seiner seit der geistlichen Lieddichtung des Mittelalters dominierenden Stellung abgelöst vom ‚Ich' des einzelnen Gemeindegliedes.[95] In Dachs „Klage" sieht das sehr anders aus, und sein Pronomina-Gebrauch ist bemerkenswert in unserem Interessenzusammenhang, weil er das grammatische Äquivalent der sozialen Beziehungen zwischen Kürbishütte und Königsberg bildet.

Schon der allerersten Verwendung der Singular-Pronomina, dem ‚Ich' des Schreibers und dem flektierten ‚Du', mit dem er seinen Leser freundschaftlich anredet („Waß grawen seh *ich* doch? herrscht hie nun Schlam vnd Wust, Mein Albert? stundt allhie *dein* Gärtchen?" 1 ff.), folgt hier das Pronomen, das beide verbindet. Und es wird in einen Kontext gestellt, der ein für allemal in diesem Geltungsbereich das spezifische semantische Klima dieser grammatischen Form bestimmt: „dein Gärtchen dessen Lust *Wir* brüderlich verknüpfft *vnß* zu gebrauchen pflagen". Mitsamt seinen flektierten Verwendungen 12 mal eingesetzt, formuliert dieses ‚Wir' ein Einverständnis zwischen ‚Ich' und ‚Du', das Voraussetzung und Folge gleichgerichteter Interessen und jahrelanger gemeinsamer Tätigkeit ist. Von der untergegangenen Kürbishütte, dem ruinierten Gärtchen bleibt, „was *wir Beyderseit* Darinnen aufgesetzt" – ‚Wir': der Dichter und der Tonsetzer, einer auf den anderen angewiesen; weit über

[95] Die Behauptung eines schroffen Gegensatzes von ‚Wir'- und ‚Ich'-Liedern, welche die ältere theologische Forschung zum Kirchenlied vertrat, und den Subjektivismus-Vorwurf, den sie daraus gegen die Lieder des 17. Jahrhunderts ableitete (vgl. etwa Grohmann: Der Subjektivismus in Paul Gerhardts und Luthers Liedern. In: Neue Kirchliche Zeitschrift XXVIII, 1917, S. 577 ff.), wird man freilich nur mit erheblichen Einschränkungen gelten lassen können. Wichtig in diesem Zusammenhang die von den Psalmen ausgehende Tradition des ‚Ich'-Gebrauchs.

hundert Liedkompositionen des Kneiphöfischen Domorganisten gelten Texten des Königsberger Professors der Poesie.

Aber diese beiden sind nicht sich selbst genug. Was sie „Beyderseit auffgesetzt“, zielt über sie hinaus. So greift das Plural-Pronomen der 1. Person von hierher aus in einen weiteren Kreis: „Wer zehlt die Fröligkeit, mit welcher *wir* vertrieben Die noch zu kurtzen Tag?“ (60 f.) und „Mein Gott, wie offt sind *wir* biß in die Nacht gesessen“ (71) – auf die Freunde, die im Gärtchen und in der Kürbishütte zusammenkommen, dehnt seine Reichweite damit sich aus. Ein ‚Königsberger Dichterkreis‘ hat in den Literaturgeschichten sich eingebürgert. Von geregelter Mitgliedschaft oder irgendwelchen Satzungen weiß man freilich nichts.[96] Es gab da offensichtlich gar nichts anderes als eine fluktuierende Gruppe der Art, wie die humanistisch geschulten Theologen, Beamten, Professoren und Lehrer, Richter und Ärzte sie seit dem 16. Jahrhundert überall in großen und kleinen Städten, selbst in den ländlichen Gegenden gebildet haben.[97] Daß solche Leute auch Verse machen konnten, verstand sich; das brachten sie aus den Lateinschulen und von den Artisten-Fakultäten der Universitäten mit. Was – abgesehen von der überragenden poetischen Be-

---

[96] Die Begründer des ‚Königsberger Dichterkreises‘ sind, soweit ich sehe, in Wahrheit Johann Friedrich Lauson („Das Lorrbeerwürdige Andenken eines vor hundert Jahren verstorbenen großen Preußischen Dichters, M. Simon Dach, sechsjährigen wohlverdienten Lehrers der Kneiphöfischen Thumschule, und zwanzigjährigen ordentlichen Professors der Dichtkunst der hohen Schule zu Königsberg.“ 1759, hier S. 36) und Georg Christof Pisanski (Entwurf einer preußischen Literärgeschichte. Hrsg. Rudolf Philippi. 1886, hier S. 420 ff. Vorher in: Der neuen Preußischen Provinzial-Blätter andere Folge II, 1852, hier S. 152), deren Königsberger Lokalpatriotismus offenbar der Vater dieses Gedankens war. Lauson schon spricht, ohne alle Begründung, vom Kreis um Dach als „von dieser preußischen fruchtbringenden Gesellschaft“. Pisanski dann erklärt, daß Roberthin nach dem Vorbild insbesondere der italienischen Akademien 1636 diese Gesellschaft gestiftet habe; „Hatte sie gleich nicht die förmliche Verfaßung einer nach entworfenen Gesetzen errichteten Societät, deren Mitglieder durch ausgefertigte Diplomata aufgenommen und zu bestimmten Arbeiten verpflichtet gewesen wären; so war sie jenen doch im Wesentlichen gleich“.
Pisanskis ‚Mitgliederliste‘ deckt sich im übrigen keineswegs mit dem Kreis der Textverfasser von Alberts „Arien“, und beide Gruppen unterscheiden sich wiederum von denen, die zu Dachs Promotion und Hochzeit Carmina lieferten. Seit Hermann Österley (Simon Dach. 1876, S. 31 f.) ist für den Kreis die Zwölfzahl im Schwange: Alberts „Musicalische Kürbis-Hütte“ (vgl. Anm. 29. Dort freilich keine Namensangaben!) enthält 12 vertonte Texte, und es sind 10 Verfasser von Gratulationsgedichten zu Dachs Magisterpromotion am 12. 4. 1640 bekannt (vgl. II S. 362), zu denen man Albert und Dach hinzuzählt. Aber wiederum nur 4 von ihnen finden sich unter den 14 Gratulationsdichtern zu Dachs Hochzeit am 29. 7. 1641 (ebd.).

[97] Dazu Erich Trunz: Der deutsche Späthumanismus um 1600 als Standeskultur. 1931. Jetzt in: Deutsche Barockforschung. Dokumentation einer Epoche. Hrsg. Richard Alewyn. 1965, hier S. 160 f. – Einen entsprechenden Fall vermerken Dieter Lohmeier und Karin Unsicker in: Literarisches Leben des 17. Jahrhunderts in Glückstadt, einer fürstlichen Verwaltungsstadt Schleswig-Holsteins. Im Berichtsband des Barock-Symposions (vgl. Anm. 2).

gabung Simon Dachs – diese Königsberger unterschied von anderen, war allenfalls, daß sie, auf Lieder spezialisiert, ein bißchen besser singen und musizieren konnten und ihre selbstverfaßten Texte von unserem Kürbishüttenbauer vertont, in seinem „Arien"-Werk gedruckt und dadurch nicht vergessen wurden, wie sonst die Durchschnittsdichtungen der Zeit.

Fünf solche Freunde sind es hier, die das ‚Wir' (mit insgesamt 14 Verwendungsfällen[98]) jetzt umfaßt:

> Jn dessen kamest du [Albert], vnd Blum sampt Roberthinen,
> Auch Fauljoch, der mit vnß so manchen lieben Tag
> Jn zucht gemässer Lust hinwegzubringen pflag. (56 ff.)[99]

Neben dem Professor also und dem Organisten zwei Beamte aus der kurfürstlichen Kanzlei und ein Sekretär vom Preußischen Hofgericht; kunstverständige Leute, Herr Roberthin vor allem ein weitgereister und hochgebildeter Mann. Er, heißt es in der Vorrede zu Alberts „Musicalischer Kürbs=Hütte"[100], hatte gemeint, es würde „dem Garten rühmlich seyn / wenn wir solche Reime vnter der Kürbs=Hütten singen könten. Dieses meines guten Freundes vngefehrliches Erjnnern ließ ich mir so fern angelegen seyn / daß ich mehr=berührte Reyme nicht allein auf die Art / als ich vermeynete meinen Freunden annehmlich zu seyn / nach meinem Vermögen setzete / sondern auch hiemit an den offentlichen Tag gebe." Wen, sagt Dach vom Kürbishütten-Garten, „wen haben seine Früchte, Wie klein er immer war, nicht *neben vnß* erfrewt?" (40 f.) So greift das Plural-Pronomen aus auf das Gemeinwesen der Stadt, dem diese Freunde zugehören.

Zunächst freilich bleibt, was außerhalb des kleinen Kreises steht, sehr deutlich auf Distanz. Indefinit-Pronomen der 3. Person:

> *man* hielt vnß für Fantasten
> Vnd nennet vnsern Baw nur einen Bährenkasten.
> *Man* pflag, wie fleissig du auch wahrst, dich auffzuziehn,
> Weil dieß Ort viel zu klein zu einem Garten schiehn. (27 ff.)[101]

---

[98] Auch hier einschließlich der flektierten Formen. Mitgezählt sind dabei die nicht ganz eindeutigen Fälle Zeile 12 und 14 und das anstelle von ‚Wir' gesetzte ‚Man' Zeile 81 und 83.

[99] Ein Dachsches Gedicht über die Freundschaft (I S. 202, nicht datiert, von Ziesemer unter die Arbeiten des Jahres 1647 gerückt) nennt die gleichen (und nur diese) Namen:

> Herr Heinrich Albert, ich, Herr Fauljoch und darneben
> Herr Roberthin, sind heut entschlossen recht zu leben,
> Und zwar bey euch, Herr Bluhm . . .

Möglicherweise haben sie wirklich in diesen Jahren einen festen Kern gebildet, um den dann freundschaftlich lockere, wechselnde Verbindungen sich legten.

[100] Vgl. Anm. 29.

[101] Wiederum bestätigt durch Alberts „Musicalische Kürbs=Hütte" (vgl. Anm. 29): „mein geringes / nicht ohn spöttliches Bereden vieler Leute new=angelegtes Gärtlein".

‚Man' – diese Spötter sind offensichtlich Leute aus der Stadt, die eine andere Art von Gärten besitzen. Sicher nicht die in den kleinbürgerlichen Gewerken organisierten Handwerker, die Fleischhauer, Fischer, Bäcker, Hutmacher, Leineweber usf. Schon gar nicht die Einwohner ohne Bürgerrecht, Handlungsgehilfen, Hausdiener, Knechte und Mägde, oder auf der untersten Staffel dieser Sozialordnung die Landstreicher, Bettler und Dirnen. Sondern die Angehörigen der beiden großbürgerlichen Zünfte, deren 1644 von Caspar Stein beschriebene Gärten vor der Stadt den Parkanlagen kaum nachstanden, die in den ‚Freiheiten' die Stadthäuser des Landadels umgaben: verschnittene Hecken und kunstvolle Blumenanlagen, Teiche, Brückchen, Standbilder und Springbrunnen, Lauben und Sommerhäuschen.[102] Die Kaufleute sind das und die Besitzer der mit dem Braurecht privilegierten Häuser in der Stadt, deren Selbstbewußtsein und Sozialprestige noch das Königsberger Sprichwort bezeugt: „Aut Caesar, aut nihil, aut Maelzenbraeuer im Loebenicht."[103]

Von dieser „reichen Bürgerey", die hier lachend und winkend an der Kürbishütte vorüberfährt, „Theils von dem Lande, theils auß ihren schönen Gärten", bis zu dem „Balgentreter", der da „baht vmb einen halben Bier", erstreckt sich auf dieser dritten Ebene die Reichweite des ‚Wir' (mit flektierten Formen insgesamt 18 Verwendungsfälle). Es umfaßt das „brüderlich verknüpfte" Freundespaar-‚Wir', umgreift das freundschaftliche Gruppen-‚Wir' der fünf Männer im Garten und richtet sich am Ende, in der Bußpredigt, an die Bürgerschaft der ganzen Stadt:

O last auch *vnß* bemühen,
Damit *wir* solcher Art noch ferner mögen blühen. (151 f.)

Daß gutte, so *vnß* hält vmbgeben in gemein,
Würd *vnsrer* Kinder auch, ja Kindes Kinder seyn. (197 f.)

Bis hierhin erstreckt sich der Geltungsbereich des Sinnbildes Kürbishütte, das Boria als Vanitas-Emblem vor Augen stellte, bis hierhin die Reichweite dieses Schemas, das Simon Dach anwendet auf den Fall Königsberg und so in seinem Gedicht auffüllt, sättigt mit Wirklichkeit. Bis hierhin dient dies Modell der Dichtung als ein Instrument sinngebender Darstellung von Realität.

---

[102] Beschreibungen solcher Gärten 1644 bei Caspar Stein (vgl. Anm. 73), Acad. Alb. Regim. 1874 III, S. 23, 24, 26 u. ö. – Übersetzung a. a. O. S. 97, 99, 101.

[103] H. Frischbier: Preußische Sprichwörter und volkstümliche Redensarten. 2. Aufl. 1865, Nr. 2634. – Da die Braugerechtigkeit an Häuser gebunden war (im Jahre 1700 an 250 Häuser in den drei Städten, 45 davon im Kneiphof. So Carl Schulz: Die Mälzenbräuer zu Alt-Königsberg im Jahre 1700. In: Altpreuß. Geschlechter-Kunde 1, 1927, S. 81 ff. u. 101 ff.), durch Erbschaft oder Kauf also an Angehörige anderer Berufe übergehen konnte, gab es unter den Mälzenbräuern auch Kaufleute, Beamte und Professoren, die sich für dieses Geschäft fachkundiger Braugehilfen bedienten.

Auch der dialektische Gegenzug aber, den das Gedicht unternimmt, sein Widerspruch gegen das Vergänglichkeitsgesetz der Zeit, gründet sich auf die sinnbildhafte Bedeutungskraft des Faktischen. Die in die Kürbisschale geschnittene Schrift bleibt lesbar doch auf den geernteten Früchten, wenn die frostempfindliche Pflanze, die sie hervorgebracht hat, mit Beginn des Winters schon abgestorben ist. Und das im Winter 1641 zur „Wüsteney" ruinierte Gärtchen, die abgerissene Kürbishütte *hat* eine „schöne Frucht getragen" (4). Geblieben ist von diesem Ort, den Dach an anderer Stelle ein „Hauß der Reyme" nennt[104], das, „waß wir Beyderseit Darinnen auffgesetzt". So rückt Alberts Gärtchen mit der Kürbishütte in die Reihe der vor den großen Städten gelegenen Musensitze – das kleine Landgut, auf dem Horaz gedichtet hat, das abgeschiedene Tal, in dem Petrarca den „Canzoniere" schrieb: Sabinum und Rom, Vaucluse und Avignon, Kürbishütte und Königsberg.

Hie schöpfft ich Lufft vnd Ruh
Vnd sahe durch daß Laub den schnellen Wolcken zu,
Die mit dem sanfften Ost wie vmb die Wette flogen,
Jetzt sprang ich wieder auff zu schreiben, waß bewogen;
Wie manches Lied hab ich zu der Zeit auffgesetzt,
Mit dem sich Königsberg noch diese Stund ergetzt. (45 ff.)

Die Tiefenschärfe dieser letzten Verse, die Reichweite der Bedeutungen, die sie in sich beschließen, ermißt sich erst im Blick auf bestimmte literarische Praktiken des sozialen Lebens dieser Zeit, welche die Literaturwissenschaft noch kaum ins Auge gefaßt hat. Was geblieben ist von der untergegangenen Kürbishütte, woran sich Königsberg auch weiterhin erfreute und erbaute, das waren Gedichte oder Lieder, die zu ganz praktischen Zwecken, für genau bestimmbare Anlässe von Dach verfaßt, vom Domorganisten Albert, vom Kapellmeister der Schloßkirche Stobaeus und anderen Komponisten[105] vertont worden waren. Tauffeste, Namenstage, Abschiede, Begrüßungen, Magisterexamen, Doktorjubiläen, Amtsantritte, Hochzeiten, Krankheits- und Todesfälle gaben solche Anlässe, und weitaus die meisten der von Dach überlieferten Texte, mehr als tausend Gedichte aus einer etwa 30jährigen Tätigkeit, stellen eine solcherart anlaßbezogene Gebrauchslyrik dar. Daran nehmen auch die Fürstenhäuser Brandenburg-Preußens[106] und Polens und nimmt insbesondere

---

[104] I S. 139.

[105] Hermann Österley (Simon Dach. 1876, S. 6) nennt außer Albert und Stobaeus Georg Huck, Christoph Kaldenbach, Johann Knutzen, Conrad Matthäi, Friedrich Schweitzer, Johann Weichmann. Ziesemer (IV S. VI) außerdem Johann Sebastiani.

[106] Eine für die Frage nach dem Verhältnis der deutschen Territorialfürsten zur zeitgenössischen Literatur bemerkenswerte Nachricht wird dabei vom Kurfürsten Friedrich Wilhelm überliefert: er „liebete den Dachen dermassen, daß er viele seiner Verse auswendig kunte, auch niemahlen in Königsberg eintraff, daß er den Dachen nicht hätte sollen mit seiner

der Adel teil; 778 der namentlich adressierten Gelegenheitsgedichte Dachs sind an Bürgerliche, 179 an Angehörige des Adels gerichtet[107], der doch – wenngleich neben den hohen Beamten in der Stadt der Landadel stark beteiligt ist – gegenüber der Bürgerschaft nur eine kleine Minderheit darstellte. Hier läßt der Adel sich ein auf eine bürgerlich-gelehrte Praxis.[108] Denn aus dem

---

Pohlin [Regina Dach geb. Pohl] nach Hofe hohlen lassen. Dieser vortreffliche Herr hatte sich die Art der Dachischen Verse so bekannt gemachet, daß er gantz genau zu urtheilen wuste, ohne Anschauung des Nahmens, ob ein Vers vom Dachen oder einem anderen Poeten verfertiget wäre." („Das Leben Simonis Dachii, eines Preußischen Poeten." In: Erleutertes Preußen I/3, 1723, S. 183 f.) – Daß Dach selbst den gleichen Sachverhalt 1645 in einem Gedicht zur Hochzeit des Herzogs von Kurland mit Luise Charlotte von Brandenburg öffentlich mitteilte, spricht für die Glaubwürdigkeit dieser Nachricht, die man nicht zuletzt unter dem Gesichtspunkt der Rolle des Princeps literatus als ‚opinion leader' betrachten muß:

Mein ChurFürst, sagt man mir durch gründlichen Bericht,
Erkennt, ob ich ein Lied geschrieben oder nicht,
So kündig bin ich Jhm. (II S. 186 f.).

[107] Diesen Zahlen liegt Ziesemers Ausgabe zugrunde. Außer acht blieben dabei die Gedichte an Mitglieder des Fürstenstandes, insbesondere also an die des Hauses Brandenburg (74 Texte). Bei Ehen zwischen Bürgern und Adeligen wurde der Stand des (in allen 36 Fällen) bürgerlichen Mannes als maßgebend behandelt. – Der Anteil adeliger Adressaten übrigens erhöht sich im Lauf der Jahre (1630–39 103 bürgerl. : 6 adl. / 1640–49 285 : 72 / 1650–59 390 : 101).
Diese Angaben stammen von Herrn Ulrich Joost. Ihm danke ich besonders dafür, daß er mir, zusammen mit Herrn Klaus Schmidt, bei den Sucharbeiten in Bibliothek und Archiv und den Korrekturen geholfen hat: ohne ihrer beider Sachverstand, Umsicht und Hilfsbereitschaft wäre der hier vorliegende Versuch kaum zustande gekommen.

[108] Für die Annahme freilich, daß Dach mit seinen Casualdichtungen eine Art Ausgleich zwischen den Ständen im Sinn gehabt haben könnte, gibt es keinen zureichenden Grund. So in: Geschichte der deutschen Literatur 1600 bis 1700. Hrsg. Joachim G. Boeckh u. a., 1963, S. 156: „Charakteristisch für seinen Gehalt [den des Königsberger Gelegenheitsgedichtes] war eine Haltung, die aus dem kleinen und mittleren, gebildeten Bürgertum kam und auf eigentümlich versöhnende Weise Anschluß sowohl an den Adel als auch an das Volk suchte und einen ideellen Ausgleich zwischen allen Schichten erstrebte."
Schon was die Überschriften der Dachschen Gelegenheitsgedichte erkennen lassen, ergibt einen ganz anderen Befund. Ihr Adressatenkreis nämlich umfaßt keineswegs alle Schichten der Stadtbewohner, sondern neben dem Adel nur das gehobene Bürgertum. Zwar ist mir eine Königsberger Verordnung, die dergleichen ausdrücklich verfügte, nicht begegnet. Aber jedenfalls die Praxis entspricht hier durchaus dem, was anderenorts die Policey-Ordnungen regeln, die durch solche Verfügungen verschwenderischen Aufwand zu verhindern, zugleich aber ganz offensichtlich auch die ständische Ordnung intakt zu halten suchten (ich verdanke die folgenden Hinweise Herrn Gerd-Rüdiger Koretzki):

„Eines Edlen Raths Kleider- Verlöbniss- Hochzeits- Kindtaufs- und Begräbnisordnung" der Stadt Thorn von 1623 (das Original war nicht erreichbar, ich beziehe mich auf die Angaben von R. Brohm in: Der neuen Preußischen Provinzial-Blätter dritte Folge, X, 1865, S. 342 ff. und von Ernst Lambeck in: Geschichte der Rathsbuchdruckerei in Thorn. 1868,

Lateinischen ist die Sitte der Casualcarmina ins Deutsche übergegangen, von den esoterischen Gelehrtenzirkeln des Humanismus hat sie übergegriffen auf das Bürgertum besonders der nord- und mitteldeutschen Städte[109]. An seinen Hochzeiten und Beerdigungen waren Gedichte und Lieder jetzt beinahe so selbstverständlich beteiligt wie Brautkränze oder Särge, und wer unter Freunden, Kollegen, Verwandten nur irgend Reime zusammenbringen konnte, trug dazu bei; Simon Dachs Dichtung, das ist nur die Spitze eines Eisbergs von riesigen Ausmaßen, dessen weitaus größter Teil im Meer des Vergessenen liegt. An seinem ausnahmsweise gut bezeugten Fall aber lassen sich bestimmte

---

S. 8) erklärt den Druck und die Ausgabe von Leich-Carmina in unbeschränkter Länge zum Vorrecht der beiden obersten Stände der Bürgerschaft: der Bürgermeister, Ratsherren, Doktoren; der Schöffen und „cives honoratiores". Für den dritten Stand, angesehene Kaufleute, die seit 10 Jahren das Bürgerrecht besitzen, ist nach § 6 nur *ein* Druckbogen zulässig. Den Handwerkern dann und allen übrigen Stadtbewohnern sind solche Carmina gar nicht erlaubt.

Entsprechend heißt es in der Nürnberger „Verneuerten Leich=Ordnung" von 1705 (S. 20, § XVIII): „Und weilen das Drucken und Austheilen der Leichen-Lieder allzuweit mißgebrauchet, und fast gar kein Unterschied damit gehalten worden: So sollen fürohin in dem Ersten Stand [: Stadtpatriziat] höchstens zwey, in Folio, in dem Andern und Dritten [: alteingesessene Großkaufleute; Gelehrte im städtischen Dienst / weniger vornehme Kaufleute und die acht Handwerker des Kleinen Rates] Eines, in Quart, bey den folgenden Ständen [: kleinere Handelsleute; Krämer und Handwerker, die Genannte des Größeren Rates sind / übrige Krämer und Handwerker, dann Kaufmannsdiener, Handwerksgesellen, Dienstknechte, Hausmägde, Tagelöhner und Obdachlose, Bettler usf.] aber gar keine Lieder gedruckt werden, bey Strafe Sechs Gulden".

Im landesherrlich-Preußischen „Hochzeiten= Kind= Tauff= Leichen= und Trauer=Reglement", Onolzbach 1733 wird S. 12 (Tit. I, § XXI) festgelegt: „Nachdeme auch bishero mit Fertigung der Hochzeit=Gedichte ein grosser Mißbrauch sich geäussert, und selbige fast bey jeden gemein worden; Als wollen und ordnen Wir bey unten gesetzter Straffe gnädigst: daß dergleichen ausser obbemeldten §. VI denominirten Personen [dort genannt: Minister, Höflinge, Beamte bis zu den Sekretären und Registratoren der Ratskollegien, Geistliche, Praeceptores], und zwar auch bey dieser und der Jhrigen Hochzeiten, nicht mehrere als 1. 2. höchstens 3. erlaubet werden sollen." – S. 29 (Tit. III, § XXXV): „Wegen Fertigung derer Leichen=Carminum wollen Wir es gleichfalls wie bey denen Hochzeiten ... stricte gehalten wissen."

Freilich dürfen solche Verordnungen und Strafandrohungen zugleich als sicheres Indiz dafür gelten, daß die Praxis der Casualdichtung in so erheblichem wie verbotsbedürftigem Ausmaß auch auf die unteren Schichten der Stadtbewohner ausgegriffen hat.

[109] Dabei „erweist sich die im 17. und noch im 18. Jahrhundert so verbreitete deutsche Epicediendichtung ebenso wie das unmittelbare neulateinische Vorbild als in einem außerordentlich hohen Grade nach inventio und dispositio, nach Motiven und Bauschema von der antiken Überlieferung abhängig und damit als eine der am stärksten traditionsgebundenen Gattungen der Zeit." (So jetzt Hans-Henrik Krummacher: Das barocke Epicedium. In: Jahrbuch der deutschen Schillergesellschaft XVIII, 1974, hier S. 105.) Neben Horaz, Ovid, Properz hat auf die Gelegenheitsdichtung der Humanisten und Barockpoeten vor allem wohl Statius mit seinen Trauergedichten entscheidenden Einfluß ausgeübt (dazu Krummacher S. 102, Anm. 27).

Eigenarten dieser städtischen Auftrags- und Gebrauchskunst auch besonders gut studieren.[110]

Die Schulen der Stadt, ihre Universität, auch das Buchwesen kommen damit ins Spiel. Von den drei alten Stadtschulen Königsbergs hieß die des Kneiphofs die Domschule. Wie auch die im 17. Jahrhundert neu errichteten, war sie, blieb sie einer Kirche zugeordnet, weil (von der geistlichen Aufsicht abgesehen) für den Chorgesang im Gottesdienst und bei Beerdigungen die Schüler unentbehrlich waren. Die Pauperknaben vor allem, arme Schüler, die freien Unterricht erhielten und dafür der Schule und ihrer Kirche Dienste zu leisten hatten, bildeten den Kirchenchor und zogen bei den Leichenbegängnissen mit auf den Friedhof.[111] Die Begräbnisordnung[112] unterschied dabei nach dem Sozialstatus der Verstorbenen sorgfältig zwischen sogenannten „Generalleichen", für die alle Lehrer mit der ganzen Schule aufgeboten wurden, „Partikular- oder halben Schulleichen", die das Geleit von zwei Lehrern und einer größeren Schülerzahl erhielten, und „Spezial- oder Viertelschulleichen", denen nur ein Lehrer und mehrere Paupers zustanden. Aber wenngleich „Generalleichen" selten vorkommen mochten, waren die Kollegen mit diesen Leichkondukten zu dem vor der Stadt gelegenen Friedhof am Haberberg doch häufig befaßt, denn mehr als neun Lehrer gab es nicht an der Kneiphöfischen Domschule.[113] Seit 1633 ist Simon Dach dort als Collega, seit 1636 als Konrektor tätig gewesen, und die zunehmende Zahl der von ihm verfaßten Texte, die Aufträge auch zu anderen Anlässen, zu Hochzeiten insbesondere, nach sich zogen, zeigt, wie nahe es für die Leidtragenden liegen mochte, sich mit der Bitte um ein Begräbnislied und Leichgedicht gleich an einen der begleitenden Lehrer zu wenden. In seiner Gedächtnisrede zum hundertsten Todestage Dachs hat Johann Friedrich Lauson, einer der späteren Lehrer der Domschule, der die Verhältnisse sehr genau kannte, über die-

---

110 Zur Gelegenheitsdichtung im Berichtsband des Barock-Symposions (vgl. Anm. 2) Wulf Segebrecht: Zur Produktion und Distribution von Casualcarmina. Und Joseph Leighton: Gelegenheitssonette aus Breslau und Danzig in der Zeit zwischen 1624 und 1675.

111 Zum Pauperwesen in Königsberg vgl. Emil Hollack und Friedr. Tromnau: Geschichte des Schulwesens der Königlichen Haupt- und Residenzstadt Königsberg i. Pr. mit besonderer Berücksichtigung der niederen Schulen. 1899, S. 78ff. – Im Kneiphöfischen Pauperhause wohnten um 1640 etwa 35 Jungen. Für ihre Lehrer waren die Leichenbegängnisse eine wesentliche Einnahmequelle, für die Pauperschüler selbst freilich eine ständige Behinderung des Unterrichts.

112 Einzelheiten bei Hollack/Tromnau S. 87ff.

113 Angaben für 1641 von Georg Christof Pisanski: Von den Schulen in Königsberg. In: Neue Preußische Provinzial-Blätter IX, 1850, S. 458ff., hier S. 462. – Gleichzeitig waren auch an der Altstädtischen Schule 9, an der Schule im Löbenicht 7 Lehrer tätig. Das blieb so bis zum Beginn des 19. Jahrhunderts.

sen Zusammenhang von Schulamt und Gelegenheitsdichtung gesagt: „Die Rosen wachsen nur auf Dornen, und der bedornte Schulstand unsres geistreichen Dichters gab Jhm oft die Harfe in die Hand, wenn er sie gleich auch bisweilen bey den beschwerlichen Leichenbegleitungen an die Haberbergische Weiden anhängen muste. Man höret auf diesem Berge davor noch zu seinem fortdauernden Andenken bey denen feyerlichen Leichenbegängnißen das Echo seiner Lieder erschallen."[114]

Nach sechsjähriger Tätigkeit an der Domschule übernahm dieser Liederdichter die vakante Professur für Poesie an der heimischen Akademie, „da er denn A. 1639. im grossen Auditorio den 1. Nov. mit einer Rede den Anfang seiner Arbeit machete und des Horatii Buch von der Poeterey zu erklähren vor sich nahm."[115] Außer Horaz hat er Ovids Metamorphosen, Senecas Tragödien, Juvenals Satiren behandelt in späteren Semestern.[116] Neben der Dichtungstheorie aber zählte die Praxis zu den selbstverständlichen Aufgaben seines Amtes: lateinische Festgedichte zu den hohen kirchlichen Feiertagen hat er abzufassen, offizielle Huldigungspoeme und Trauercarmina.[117] Auch die Überprüfung der von anderen Universitätsangehörigen verfaßten Poeme, die der Artisten-Fakultät oblag, gehörte in der Regel wohl zu seinen Pflichten; „Der Decanus nun dieser Facultät", berichtet die „Historie der Academie", „censiret, in Abwesenheit des Prof. Poeseos, alle Carmina, so in den Druck gegeben werden".[118] Poesie ist Mittel der Selbstdarstellung dieser Universität, und es zeigt die Bedeutung, die man der Dichtkunst zumaß, daß es in Dachs Festspiel zu ihrer Hundertjahrfeier heißen darf, der die „Preußische Barbarey" verkörpernde Unhold „könne nicht besser vertrieben werden, als wenn Apollo mit den Musen den neun Kunst-Göttinnen eingeführet würden". Künste und Wissenschaften koinzidieren im Begriff der Gelehrsamkeit, und so singen im 3. Akt die „auff dem Preußischen Helicon" der Königsberger Akademie versammelten Musen:

Das Land sey mit gelehrten Leuten
Durch uns erfüllet umb und an,
Die man in Krieg= und Friedens=Zeiten
Sehr nutzbarlich gebrauchen kann.[119]

---

114 A. a. O. (vgl. Anm. 96) S. 13f.

115 „Das Leben Simonis Dachii eines Preußischen Poeten." In: Erleutertes Preußen I/3, 1723, hier S. 171.

116 Vgl. II S. 394.

117 Wie Ziesemers Register zeigt (Anhang zu IV, S. 507ff.), bilden diese Gattungen den wesentlichen Teil seiner lateinischen Dichtungen.

118 Kurtz=gefaßte Historie der Königsbergischen Academie. In: Erleutertes Preußen IV/45, 1727, hier S. 672f.

119 II S. 311, 312, 315, 317.

Mochte der gelehrte Poesie-Professor mitunter auch bedauern, daß er außerhalb der Universität zu deutschen Versen genötigt war,

> Man wil es bey den Leichen haben,
> Daß für dem Deutschen mein Latein
> Wird leider endlich mit begraben[120] –

zu diesen Leich- und Hochzeitsgedichten ließ er sich doch „Sehr nutzbarlich gebrauchen". In den Texten selbst hat er notiert, wie man ihm dabei zugesetzt hat:

> Jch werd' auff allen Seiten
> Besprengt nicht ohn Beschwer
> Jn Lust= vnd Trauer=Zeiten
> Wie auff der Hatz ein Beer.

Und:

> Der Reim=Brunn ist erschöpfft in mir,
> Vnd meine Faust fällt nieder,
> Nichts anders aber schreib ich schier
> Als Klag= vnd Todten=Lieder.[121]

Will man sich nicht schon begnügen mit der Feststellung, daß diese Praxis halt eine Modeerscheinung war, fragt man also nach ihren Beweggründen und ihrer Zweckbestimmung, so geben die Überschriften solcher Texte eine erste Auskunft. 9. Februar 1649, für Herrn Johann Fauljoch und Fräulein Maria Fischer: „Hirtenliedchen zur Vermehrung der Hochzeitlichen Ehren=Freuden". 9. April 1643: „Trost=Liedlein über den frühzeitigen Hingang des Hn. Jacob Kreuschners, Bürgers und Handelsmanns der Altenstadt".[122] Zur Festfreude trugen die oft gesangsweise vorgetragenen, auch mit Tänzen verbundenen Hochzeitscarmina, zum Trost der Trauernden die Leichgedichte auf den Verstorbenen sicher bei. Daß Ereignisse eines privaten Lebens auf diese Weise in poetischen Werken behandelt wurden, hob gewiß auch das öffentliche Ansehen, steigerte das Sozialprestige. Aber was die Hochzeitsleute oder die Hinterbliebenen von Dach erwarteten, was er ihnen versprach, war noch mehr. Neben den Bezeichnungen „Klage" oder „Trost=Lied" häufen sich in den Überschriften der Epicedien die Angaben „Poetisches Ehren=Gedächtnis", „Leich=Gedächtnis", „Gedenck=Schrifft", „Denckmal", „Ehren=Seule": Den Menschen dieser Zeit, die gebannt waren vom Gedanken an die Hinfälligkeit und Vergänglichkeit ihrer Existenz, verheißt die Dichtung

---

[120] IV S. 71 (vgl. auch I S. 26 und II S. 75).
[121] IV S. 219; III S. 204 (ähnlich IV S. 118).
[122] I S. 351 (Nr. 205); III S. 471 (Nr. 78).

Dauer. Wie ein Warenzeichen hat Simon Dach das seinen Texten immer wieder aufgeprägt. Dem Begräbnislied natürlich:

Dein Name, wird er nicht befreyt,
Fährt stracks in die Vergessenheit,
Denn Zeit vnd Fall reißt alles nieder,
Ohn der Poeten weise Lieder.

Aber ebenso dem Hochzeitsgedicht:

Preussen wird nicht von euch schweigen,
Meiner wol=bespielten Geigen
Wartet keine Grabes=Noht,
Legt' ich mich gleich heute nieder.
Der Poeten weise Lieder
Reissen durch Welt, Zeit vnd Todt.

Und selbst dem Bittgedicht an einen einflußreichen Gönner:

Schäm dich nicht, Herr, unsrer Lieder,
Stirbt ein Mensch, er kömpt nicht wieder,
Fall und Zeit die alles bricht
Macht auch Stal zu leichter Erden,
Die von uns gesungen werden,
Wissen von dem Tode nicht.[123]

In der Horazischen Ode „Exegi monumentum aere perennius", von der er eine Übertragung ins Deutsche hinterließ[124], war dem Königsberger Professor der Poesie die alte Vorstellung begegnet, daß der Name des Dichters durch sein Werk den Tod überdauern könne. Auch auf den Bedichteten aber ist diese Vorstellung schon in der Antike bezogen worden.[125] In ihrer neulateinischen Lyrik hatten die Humanisten, im Rückgriff auf die Dichtung der römischen Kaiserzeit, die Schilderung privater Lebensverhältnisse vorgeführt. Sie tritt nun – überall in der Gelegenheitsdichtung dieser Zeit – in den Dienst poetischer Gedächtnisstiftung. In der Praxis sah das so aus, daß Dach, wo er nicht schon durch persönliche Bekanntschaft unterrichtet war, von den Empfängern des Poems die erforderlichen Daten bekam. Häufig geschah das wohl

---

[123] III S. 218; I S. 122; II S. 30. Andere Beispiele dafür: I S. 85; I S. 103!; I S. 158; I S. 237; II S. 50; III S. 11; III S. 353f.; III S. 392; IV S. 46; IV S. 207; IV S. 236; IV S. 346; IV S. 394; IV S. 469. – Sehr selten vertreten die Gegenposition, die auch die Dichtung der Vanitas unterworfen sieht, etwa III S. 90.

[124] I S. 314, Nr. 298 (Horaz carm. III, 30).

[125] Dazu Ernst Robert Curtius: Europäische Literatur und lateinisches Mittelalter. 1948, S. 471 f. („Dichtung als Verewigung.")

in schriftlicher Form, und wenn ihm diese Angaben nicht zureichend konkret erschienen, hat er das im Gedicht selbst gelegentlich ausdrücklich moniert:

Es ist nur oben hin
Was mir ist zugeschickt, von deinem Helden-Sinn
Wie, wo, zu welcher Zeit du tapffer bist gewesen,
Von diesem allen ist ausführlich nicht zu lesen.[126]

Auch hier freilich rechtfertigt sich die dichterische Darstellung des Individuellen nicht aus seinem Eigenwert, sondern beruft sich darauf, daß auch die individuelle Lebensführung und Sterbeweise, selbst die Trauer des Hinterbliebenen und seine Ergebung in Gottes Ratschluß Beispielcharakter gewinnt. „Vnd wisst", sagt Dach zu einem Leidtragenden, „daß auch in Traurigkeit Jhr andern ein Exempel seyd."[127]

Die Vorstellung nun, daß Dichtung allein dem Vergänglichen Dauer verleihe im Gedächtnis der Menschen, stützt sich materiell auf ihre Verbreitung und Überlieferung im Druck. Bücher freilich hat es von Dach nicht gegeben zu seinen Lebzeiten. Doch Einzeldrucke sind hergestellt worden von seinen Leich- und Hochzeitscarmina. Sie wurden meist wohl nur in der geringen Stückzahl bestellt, die zur Verteilung an die Hochzeitsgäste oder Teilnehmer an der Beerdigung nötig war, zur Versendung allenfalls an auswärtige Freunde oder Verwandte. Aber daß auch Fernerstehende sie lasen, ist sicher anzunehmen. Einmal, im Begräbnisgedicht auf die Frau eines Kneiphöfischen Schöffen, heißt es ausdrücklich:

Was ich sonst andern Leichen schrieb
Jst allzeit wehrt bey dir gewesen,
Du hattest meine Lieder lieb,
Hast alle fleissig durchgelesen.[128]

Die Dauer von Dichtung, sollte man denken, ist freilich eine Frage ihres Wertes, und gerade der Druck, der Dauer zu verbürgen schien, hat ihre Qualität doch kaum gehoben. Er nämlich trieb zur Eile. Am Hochzeits- oder Beerdigungstag sollte das Druckwerk ja fertig sein, und besonders für die Abfassung der Leichgedichte blieb da meist wenig Zeit. Ihre Überschriften halten neben dem Begräbnistag oft auch das Todesdatum fest: drei oder vier Tage liegen in der Regel zwischen ihnen, und mehr als 24 Stunden also für 15, 20, 30 Strophen hat der Verfasser wohl selten, bevor sein Manuskript zum Drucker muß.[129] Nicht nur serienweise produzierend, sondern auch noch un-

---

[126] IV S. 236.

[127] IV S. 316.

[128] IV S. 127.

[129] Angaben in den Anmerkungs-Apparaten der Ausgabe von Ziesemer. – Beisetzungen in einer Kirche freilich oder einem Erbbegräbnis erfolgen aus bautechnischen Gründen häufig

ter diesem Termindruck, weiß er so gut wie wir, daß das zu großen Teilen Durchschnittsware ist:

Jch habe nun auch mit der Zeit
Jn solcher Anzahl meine Sachen,
Daß mancher nach Gelegenheit
Köntt' einen Jahrmarckt davon machen.

Doch ob von allem in gemein,
Wenn ich nun faul' in meiner Erden,
Ein guttes Lied werd' übrig seyn
Dafür kan ich nicht Bürge werden.[130]

Mit Unsterblichkeit werbend, wo er doch solche Verse lieferte, hat er gewiß auch die Absatzfrage im Auge gehabt. 1653 schreibt er der Witwe des Advokaten Schwenn, die für ihren „vielgeliebten Ehherrn aus schuldiger Trew und Traurigheit" ein Leichgedicht bei ihm bestellt hatte:

Vnd daß bey andern auch dieß sein Gedächtniß bleibe
Verschafft jhr, daß ich dieß zu seinen Ehren schreibe.[131]

Er hat sich also bezahlen lassen für seine Dichtung, und im Leichgedicht selbst wird das ganz unbefangen mitgeteilt:

Es hat vielleicht noch mancher hier
Lehr oder Trost zufassen,
Denn anders köntt' er wol dafür
Das Geld im Beutel lassen.[132]

In Zeiten der Konjunkturschwäche (so 1646, wenn die Leute ihr Geld im Beutel festhalten) geht es diesem Liedermacher nicht anders als einem Mälzenbräuer oder Handwerksmeister im Kneiphof bei kritischer Auftragslage:

Jch winde mich auch, wie ich kan,
Vnd lauffe täglich hin vnd wieder,
Jch halte wie mir möglich an

---

sehr viel später, etwa 2 Monate nach dem Tode erst. Das ist beim Adel oft der Fall, und auch dieser Umstand ist zu bedenken, wenn Erich Trunz in einer Ziesemer-Rezension (Deutsche Literaturzeitung 58, 1937, Sp. 1955) erklärt: „Es läßt sich beobachten, daß die Gedichte an Adlige viel mehr als die bürgerlichen steif und rhetorisch ‚opitzieren'" (– was übrigens einer sorgfältigen Überprüfung bedürfte). Denn das in solchem Sinn kunstvollere Poem verlangt in der Regel sicher auch einen höheren Zeitaufwand – wie ihn diese Bestattungsweise ermöglicht.

[130] IV S. 71f.

[131] IV S. 548 (Nr. 82) und S. 145.

[132] IV S. 124.

Durch allen Fleiß vnd schreibe Lieder;
Vmbsonst, ich sehe nur, mein Spiel,
Poeten Müntze, gelt nicht viel,
Es wil sich nirgends mit mir flaschen,
Man liebt mich nach dem Ansehn wol,
Wenn Geld gezehlet werden soll,
So sitzt der Hund vnß auff der Taschen.[133]

Und wie ein Handelsmann, der, wenn am Ort der Absatz stockt, auf den Export sich verlegt, schreibt er, als man sich über eines seiner Gedichte verächtlich geäußert hat in Königsberg:

Lässt mich auch gantzes Preussen seyn
Mich sucht Elb Oder Spree vnd Rein,
Jch habe, glaubt es, Brod gegessen
Bald fern aus Schweden bald aus Hessen.[134]

Den Literaturgeschichtsschreibern ist das ein Ärgernis gewesen.[135] Poesie als bestellte und bezahlte Ware verträgt sich offenbar nicht mit der Vorstellung, daß die Dichtkunst sich höheren Weihen verdanke. Vermutlich hat Dach ja für Nahestehende auch ohne Bezahlung geschrieben; nur kannten auch sie wohl den Preis dieser Gabe und zeigten sich erkenntlich. Weshalb denn sollte das Honorar die Aufrichtigkeit der Teilnahme in Zweifel rücken oder gar den poetischen Rang des Gedichtes schmälern? Königsberger Kaufleuten lag es vermutlich fern, so zu denken. Und Dach verstand sich nicht als Dichterpriester oder Dichterfürst:

Kurtz, bey Heyraht und bey Leichen
Spricht man mich umb Lieder an
Gleich als einen Arbeitsmann.[136]

So weit möglich hat man die Sache heruntergespielt. Österley etwa erklärte: „Er hatte einen kärglichen verdienst von den gelegenheitsgedichten, den er

---

[133] I S. 170.

[134] IV S. 79.

[135] Vgl. etwa Hermann Österley: Simon Dach. 1876, S. 32f. oder Ziesemer, I S. X. – Auch in der Geschichte der deutschen Literatur 1600–1700. Hrsg. Joachim G. Boeckh u. a. 1963, S. 164, schlägt in abgewandelter Fassung dieses herkömmliche Urteil wieder durch: „. . . sowie eine hingebende Liebe zur Dichtkunst, die er sich auch durch die demütigende und einengende Abhängigkeit vom Landesfürsten und von der herrschenden Bürgerschicht seiner Stadt nicht nehmen ließ, zeichneten diesen deutschen Dichter in einer der unglücklichsten Zeiten unserer nationalen Geschichte aus." Dafür, daß eine solche Abhängigkeit ihn eingeengt hätte oder von ihm als demütigend empfunden worden wäre, gibt es keinerlei Zeugnis.

[136] II S. 137.

nicht entbehren konnte, er erwarb sich gönner und freunde dadurch, die er nicht entbehren mochte, weil er neben ansehen und ehre auch manchen kleinen vortheil von ihnen genoss".[137] Das nun kann man überprüfen und muß man berichtigen.

Was zunächst den „kleinen vortheil" angeht: Am 23. September 1638 hält der Kurfürst Georg Wilhelm feierlichen Einzug in der Stadt. Simon Dach, Konrektor der Kneiphöfischen Domschule, schlecht bezahlt und zermürbt vom Ärger dieses Amtes[138], verfaßt eine Reihe von Gelegenheitsgedichten auf die fürstliche Familie, Begrüßungscarmina, die dem Landesherren überreicht werden.[139] Am 29. April 1639 dann schreibt Georg Wilhelm den Oberräten, die in den drei Städten die Landesherrschaft ausüben:

„Edle Rhate, vnndt Liebe getreüwe, Wier mögen Eüch gnädigster meinung nicht bergen, Nachdem bey vnserer ankunfft in Preüßen, vnß Simon Dache etliche Carmina gratulatoria, vnterthänigst, überreichen laßen, Vndt Wier darauß seine erudition, vnndt geschickligkeit gnugsamb ersehen, vnndt gespüret, So haben Wier demselben darauff, die gnädigste vertröstung thun laßen, daß Wier Vnß, bey fürfallender künfftiger gelegenheit seine Person zur beforderung, in gnaden recommendiret sein laßen wolten,

Wan Wier dan berichtet worden, daß Vnser Professor Poëseos kurtzverwichener tagen todeß verfahren, vnndt Wier eß dafür halten, daß solche vacirende stelle, nicht beßer, alß durch obgedachten Dacheß Person ersetzet werden könne, So werden Wier auff dem fall, da er vmb beforderung zu solcher Profession, bey Vnß anhalten solte, in consideration, der ihm von Vnß geschehenen gnädigsten vertröstung, denselben darunter nicht vnerhöret laßen".[140]

Obgleich die Universität Schwierigkeiten machte, trat Dach noch im gleichen Jahr sein Amt als Professor Poëseos an – „ehe er noch magisteriret hatte".[141]

Was seinen „kärglichen verdienst von den gelegenheitsgedichten" betrifft: Als Professor bezog Dach außer dem üblichen Deputat an Getreide und Brennholz ein Jahresgehalt von 100 preußischen Talern, spätestens 1644 kam dazu noch ein ‚Gnadengeld' von 400 polnischen Gulden, das ihm der Kur-

---

137 Österley: Simon Dach, 1876, S. 33.

138 Über seine Erfahrungen im Lehramt der Domschule vgl. das Gedicht an Roberthin (I S. 188f.) und „Ad Michaelem Gorlouium" (in: Erleutertes Preußen I/3, 1723, S. 164ff.).

139 II S. 146–155.

140 Staatl. Archivlager Göttingen, Sign.: EM 139c IV, Nr. 46, Bl. 2.

141 „Das Leben Simonis Dachii eines Preußischen Poeten." In: Erleutertes Preußen I/3, 1723, S. 171. Die Promotion zum Magister erfolgte erst am 12. April des nächsten Jahres. – Daß Dach diese Professur überdies der Fürsprache seines Freundes Roberthin und des durch ihn gewonnenen Oberburggrafen von Königseck zu danken hatte, ist sehr wahrscheinlich. Vgl. dazu Lauson, wie Anm. 96, S. 18.

fürst bewilligt hat.[142] Für einen Königsberger Professor war das gar nicht wenig.[143] Aber nennenswerte Ersparnisse hat er davon kaum machen können; 1646, wenn die Auszahlung des ‚Gnadengeldes' sich verzögert, schreibt er:

Küch vnd Heerdt ist zu versorgen,
Holtz vnd Vnterhalt gebricht,
Denn von Renten leb ich nicht,
Soll ich aber weiter borgen?[144]

Und nun findet sich in den grundbuchamtlichen Akten von Königsberg unter dem 27. Mai 1650 die Eintragung: „He. M. Simon Dach Prof: Poes: publ. kaufft von Christoph Horcken vnd Abraham Hetzmeyern Jhren vor dem Holzthor gleich der Kneiphöfischen Thumbrücken vber an der breiten Straßen zwischen He. M. Valentini Thilonis Prof: Eloquentiae publ. vnd Michel Mehrken Speichern vnd gärten gelegenen vnd erblich an sich gebrachten Speicher vor vnd vmb 3000 Mark baar geldt, welche grundt beiderseits contrahenten zu erbes recht verlanget und verschrieben worden."[145] Der Betrag, den unser Poet da in bar bezahlt hat für einen Garten mit einem Speicher (den

---

142 Österleys Mitteilung (Simon Dach. 1876, S. 43 – ohne Quellenangabe), Dach habe zunächst „etwa hundert thaler" bezogen; „Erst viele jahre später bewilligte ihm der kurfürst ein außerordentliches gnadengehalt von weiteren hundert thalern (400 gulden poln.)", ist jedenfalls insofern unrichtig, als der Taler (preußischen Schlages) in 3 polnische Gulden zerfällt. Das ‚Gnadengeld' entsprach also etwa 133 Talern. Daß Dach es spätestens seit 1644 erhielt, geht aus einem Bittgedicht von 1646 an den Obermarschall hervor (I S. 167, entsprechend S. 171):

Denn ich stecke tieff in Schulden,
Denen auch mein Sold nicht gleicht,
Ragnit hat mir noch gereicht
Mehr nicht als Vierhundert Gulden,
Mach, daß ich auff Mertenstag
Die Achthundert heben mag.

Ragnit war das für diese Zahlung zuständige Amt, das infolge der angespannten Finanzlage das ‚Gnadengeld' jedenfalls in diesen Jahren mit großer Verzögerung anwies (zur kritischen Lage der preußischen Finanzen vgl. Julius Triebel: Die Finanzverwaltung des Herzogtums Preussen von 1640–1646. 1897, hier S. 66f. und 134f. – S. 11 zur wachsenden Verschuldung des Amtes Ragnit).

143 Erst *nach* einer 1697 verfügten Gehaltserhöhung betrugen die regulären jährlichen Einkünfte an der Königsberger Akademie für den Professor Theol. Primarius 1000 Mark, für den Professor Juris und Medicinae Primarius 800 Mark, für die ordentlichen Professoren der Philosophischen Fakultät 750 Mark (Kurtz-gefaßte Historie der Königsbergischen Academie. In: Erleutertes Preußen IV/39, 1726, hier S. 181). – Dach hat 1646, umgerechnet (vgl. Anm. 146), 1050 Mark bezogen.

144 I S. 166.

145 „Altstädtsches Hauß-Buch de Anno 1602"(–1668). Staatl. Archivlager Göttingen, Sign.: Ostpr. Folio 208/10, Bl. 127v.

er möglicherweise vermieten wollte) beträgt nahezu das Dreifache seines Jahresgehaltes als Professor[146], und weder er noch die Regina Pohl, die er 1641 geheiratet hatte, waren doch von Haus aus vermögend.[147] Anders als durch Einkünfte aus der Gelegenheitsdichtung ist das, soweit ich sehe, gar nicht erklärbar. Ohne daß man dadurch über das Honorar für einzelne Carmina etwas erführe oder zureichend sicher erschließen könnte, ist dies doch einer der seltenen Fälle, wo die materielle Seite der Casualdichtung tatsächlich faßbar wird. Und die Größenordnung ist bemerkenswert in diesem Fall. Für 3000 Mark kauft am gleichen Tag wie Simon Dach seinen Speicher und Garten ein anderer in der Schmiedegasse der Altstadt immerhin ein ganzes Haus.[148]

Daß aber jemand geistige Güter herstellte, die allgemein begehrt waren in der Stadt, dem Verfertiger eine angesehene Stellung verschafften und Geld einbrachten, das sollte diesen Königsberger Kaufleuten, Mälzenbräuern, Handwerkern nicht imponiert haben? Unser Poet war ein Bürger dieser Handelsstadt. Sie hat sein Denken bestimmt, und seine Dichtung ist geprägt vom Geist der Kaufmannschaft, die das Lied zur Hochzeit der Ratsherrentochter Sophia Freyling feiert:

HAndel und Gewerbe sind
Dieses Lebens Port und Wind
Vnd das Band der Erden,
Sind der Völcker Zier und Trost
Vnd wodurch auch West und Ost
Wie vermählet werden.

Wenn dem Lande was gebricht,
Feyrt der wache Kauffmann nicht,
Nichts ist ihm entgegen,
Er durchreiset Land und See,

---

146 Die alte Zähleinheit der Mark (im Kleinverkehr noch benutzt, für den Grundstückshandel allgemein verwendet) zählte 20 polnische oder preußische Groschen (der Gulden 30 Groschen), so daß 3000 Mark etwa 666 preußischen Talern oder 2000 polnischen Gulden entsprechen. – Ich verdanke diese Angaben Herrn Dr. Günther Meinhardt.

147 1654, schwer erkrankt, richtet Dach Bittgedichte und Gesuche um Schenkung eines kleinen Landbesitzes und die Übertragung des ‚Gnadengeldes' auf seine Witwe an den Kurfürsten, um so ihre und der fünf Kinder Versorgung zu sichern. – Die Witwe muß drei Jahre nach seinem Tod, am 24. 11. 1662, den „Speicher, sambt dem dazu gehorigen garten" für 2000 Mark wieder veräußern, um ein Drittel also unter dem Kaufpreis von 1650 (Staatl. Archivlager Göttingen, Sign.: Ostpr. Folio 208/10, Bl. 161^{v}).

148 A. a. O. Bl. 128^{r}. Weitere Vergleichspreise: 25. 2. 1650, für ein Haus in der Wassergasse 8000 Mark; 9. 2. 1652, für Speicher und Garten vor dem Holztor 1500 Mark und für eine „wüste Speicherstädte" dort 300 Mark; 30. 1. 1654, für ein Haus in der Altstadt hinter der Kirche 5500 Mark (a. a. O. Bl. 126^{v}, 131^{v}, 133^{v}).

Achtet nichts auff Frost und Schnee,
Nichts auff Schlag und Regen.

Dieses ist des Handels Krafft,
Die berühmte Kauffmannschafft
Macht aus Dörffern Städte,
Aus der Stadt ein Königreich,
Reiche wären Dörffern gleich,
Wenn sie es nicht thäte.[149]

1642 hat Joannes Amos Comenius in seiner Schrift „Via Lucis"[150] die Mittel der stufenweisen Ausbreitung des Geistes beschrieben und zuletzt die öffentlichen Schulen, dann den Buchdruck, an höchster Stelle schließlich, als Medium einer universellen Kommunikation, die Schiffahrt genannt, die im Europa des 16. und 17. Jahrhunderts einen so ungeheuren Aufschwung genommen hatte.

Auf den gleichen Schiffen, die Korn oder Salz nach Königsberg brachten, transportierten auch die Buchführer dieser Zeit ihre Ware (in Fässern liegen die Druckbogen, welche die ortsansässigen Buchbinder dann verarbeiten) und kamen die Gelehrten zurück, die Europa bereist und auf seinen Hohen Schulen sich ausgebildet hatten. Sehr häufig schildern Dachs Begräbnisgedichte den Bildungsgang des Verstorbenen und beschreiben die Kenntnisse, die er draußen erworben hatte zum Nutzen der Vaterstadt.

Zu Leiptzig hört' er München lesen,
Vnd, Töllmann, dich zu Cölln am Rhein,
Darnach fiel Heydelberg ihm ein,
Zu Straßburg trieb er auch sein Wesen,
Biß auch zu Speyer ihm die art
Das Recht zu führen kündig ward.

Nach diesem ist er fort gezogen,
Durch die berühmtsten Städt' im Reich,
Vnd hat sich da, der Bienen gleich,
An Kunst und Klugheit wol besogen,
Biß er zurück durch Böhmen gieng,
Vnd sich mit Leipzig noch umbfieng.

So geht das fort in Dachs Bericht über den Juristen Michael Friese; nach Frankreich und Italien reist er dann, in die Schweiz, die Doktorpromotion in Basel folgt.

---

[149] II S. 116 (hier Strophe 1, 4, 6).

[150] Via Lucis vestigata et vestiganda. Entstanden 1641/42 in London. Erstdruck Amsterdam 1668. Dort Cap. XIII, S. 43–47.

Der gütig' Himmel und das Meer
Bringt ihn nach Hause wieder her.

Gleich wie ein Schiff mit reichem Segel
Gesund anheim kömpt aus Tornat'
Vnd prangt mit Gütern die es hat,
Nicht anders grüsst er unsern Pregel,
Den edlen Kneiphoff vnd sein Haus
Vnd losst hie seine Güter aus.[151]

Das ist weder ein beliebiges Bild, noch ein belangloses Gleichnis. Es belehrt, mehrfach verwendet, deutlicher, als indirekte Zeugnisse es vermögen, über die Analogien, in denen der Verfasser dachte. Natürlich hat er von sich gewußt, daß er anderes betrieb als die Kaufleute oder Ackerbürger seiner Stadt.

Andre schawen fleissig auff,
Hat der Landmann was zu kauff,
Wollen reich vom Handel werden:
Jener schifft die wüste Fluth,
Dieser pflügt sein Vater=Gut
Vnd beliebt den Baw der Erden.[152]

Er wußte auch, was ihn von denen unterschied, die auf dem Ratsstuhl oder der Schöffenbank, bei den Landtagen oder den Versammlungen der Zünfte die Kunst der Rhetorik anwandten, und hat sich selbstbewußt genug darüber geäußert:

So weiß ich dennoch, wer ich bin.
Ein Bürgermeister wirdt erkohren,
Ein Redner übt sich Tag vnd Nacht
Zu fassen schöner Worte Pracht,
Poeten werden nur gebohren.[153]

Aber eben *als* Poet bezog er sich ein in das städtische Gemeinwesen derer, die da auf ihre Weise Handel und Gewerbe trieben, und für die er, in seinem „Stand", seine Arbeit tat.

Mein Gewerb' und Handel sind
Reime, die Latonen Kind
Mir in Preussen anbefohlen,
Daß er deutsch kan, danckt er mir,

[151] III S. 363f. Ähnlich III S. 155, auch IV S. 224.
[152] II S. 100 (vgl. in diesem Zusammenhang auch I S. 164 und II S. 136f.).
[153] I S. 171.

Jch hab' erst der Musen Zier
An den Pregel müssen holen.
Dieses seh' ich, ist der Stand,
Welchen Gott mir zuerkant,
Andre mögen mich verlachen,
Daß ich dieses treib' ohn Ruh,
Jch will gleichwol immerzu,
Was mein Werck ist, Lieder machen.[152]

Erst im Blick auf die Praktiken der Casualpoesie, auf das Selbstverständnis dieses Poeten als Gelegenheitsdichter, auf seine Funktion im sozialen Leben der Stadt wird in unserem Text Dachs Rede von seinen den Untergang der Kürbishütte überdauernden Liedern verständlich, mit denen „sich Königsberg noch diese Stund ergetzt." Gelegenheitsdichtung aber in dem hier zur Rede stehenden Sinn ist nun auch diese „Klage" selbst. Wohl zählt die Zerstörung einer Laube und eines Gärtchens nicht, wie die Hochzeit oder der Tod, zum Kanon der obligatorischen Dichtungsanlässe. Doch Dachs Elegie, an den Besitzer des ruinierten Gartens gerichtet, wie das Casualpoem sonst, beim „Hintritt" eines Angehörigen, an die trauernden Hinterbliebenen, entspricht durchaus dem Modell des Leichgedichts.

Strukturanalogien zwischen dem Begräbnispoem und der „Klage über den endlichen Vntergang vnd ruinirung der Musicalischen Kürbs=Hütte vnd Gärtchens" bestimmen die Anlage unseres Textes tatsächlich bis ins Detail. Die Geschichte des verwüsteten Gartens, die hier berichtet wird, übernimmt die Position der Lebensgeschichte des Verstorbenen, die Dachs Epicedien überliefern, und hier wie dort erinnert der Lobpreis dessen, was der Empfänger des Gedichts verloren hat, an die Freuden, die es ihm bereitete, als es noch sein eigen war.

Waß Frewde sahe man, waß Hoffnung vmd dich schweben! (16)

Ein kleines Paradieß; wen haben seine Früchte
Wie klein er immer war, nicht neben vnß erfrewt? (40 f.)

Welch Anmuht oder Schertz ist damahls hinten blieben!
Wer zehlt die Fröligkeit, mit welcher wir vertrieben
Die noch zu kurtzen Tag? (59 ff.)

Bis in den Wortgebrauch korrespondiert die Elegie damit den Versen, die Dach beispielsweise 1645 auf den frühzeitigen Tod eines Kindes geschrieben hat:

Wie könttet jhr bedencken unverwandt
Des Knaben Art, die Frewdigheit im Leben?

Der Tugend Lust, der frischen Sinnen brandt,
Die euch viel Frewd und Hoffnung offt gegeben?

Wie manche Stund hat er euch weg gebracht
Durch seiner Huld und lieben Vnschuld Güte?
Wie er geschertzt, gespielet und gelacht
Liegt sämptlich euch noch immer im Gemüte.[154]

Die Trauerklage dann, die den verlorenen Garten und den vom Tod Dahingerafften in gleicher Weise betrifft, faßt hier wie dort das Entsetzen ins Wort, das angesichts des Umschlags lebendiger Schönheit in eine grauenhafte Verwüstung und Verwesung den Betrachter ergreift. So in der Elegie:

Waß grawen seh ich doch? herrscht hie nun Schlam vnd Wust,
Mein Albert? stundt allhie dein Gärtchen, dessen Lust
Wir brüderlich verknüpfft vnß zu gebrauchen pflagen? (1 ff.)

Wie schön es vor gestanden,
So gar ist nichts davon, alß Einsamkeit vorhanden
Alß Grawen, Furcht vnd Rew, es kränckt mich hie zu stehn,
Für Vnmuth kan ich auch schier nicht vorüber gehn. (91 ff.)

So 1646 auch im Epicedium:

Wie wol vnd auserlesen
Dein Leib sich vormals trug,
So mus er jetzt verwesen,
Ein Kittel ist dir gnug.
Schön ist dein Krantz zu schawen,
Vnd weis doch keinen Raht
Für dieses, daß man Grawen
Für deiner Leichen hat.[155]

Angesichts des verwüsteten Gartengrundstücks am Pregel und des Leichnams eines Verstorbenen erhebt sich deshalb in gleicher Weise die wehklagende Frage nach dem, was man ihnen doch einmal verdankte:

Hat diese Wüsteney die schöne Frucht getragen?
Die bloß nach Ewigheit, vnd vnserm Himmel schmeckt (4 f.)

Trug dieser Füsse todte Krafft
Dich in die Welt nach Wissenschafft?
Hat dieß Haupt den Verstandt geheget,

---

[154] III S. 101 (Strophe 6 und 8).
[155] III S. 144.

Durch dessen Glantz vnd güldnes Liecht
Ein Land offt Sturm vnd Wellen leget?[156]

Wie schließlich im Epicedium dem „Ehren-Gedächtniß" und der „Klag-Schrifft" ein „Christlicher Leich-Trost" folgt[157]:

WEnn ich ein Frembder möchte seyn,
So wüst ich Euch in Ewrer Pein,
Herr Schwager, tröstlich beyzuspringen,
Nun ewer Leid geht mich auch an,
Was soll ich wol zu marckte bringen,
Das ewren Schmertzen lindern kan?[158]

GOtt sencke seinen Trost dir ein,
Daß nicht dein Hertz zu sehr sich mühe,
Vnd dieses harten Kummers Pein
Dem Vaterlande was entziehe.[159]

so verbindet sich auch in der Elegie mit Lobpreis und Trauerklage der tröstende Zuspruch:

Dieß solte zwar nicht groß bekümmern vnsern Sinn:
Waß mit der Zeit entsteht, fährt mit der Zeit auch hin.
Mir aber steigt dennoch es allzusehr zu Hertzen,
Der Sachen Vnbestandt macht mir zu grosse Schmertzen. (121 ff.)

Mein Albert, werther Freund, laß vnß thun waß wir können (199).

Mit einer spezifischen Ausbildung seines Trost-Teils aber gibt das Strukturmodell des Leichgedichts nun auch eine Möglichkeit, die dunklen Verse zu verstehen, mit denen am Ende der Elegie, nach der Klage über den zerstörten Kürbishüttengarten, das Garten-Motiv noch einmal aufgenommen wird. Der locus amoenus, den die antike und mittelalterliche Poesie als ein zum Schema verfestigtes Motiv der Naturschilderung tradiert hat, ist nach der Bestimmung von Ernst Robert Curtius „ein schöner, *beschatteter* Naturausschnitt. Sein Minimum an Ausstattung besteht aus einem *Baum* (oder mehreren Bäumen), einer *Wiese* und einem Quell oder *Bach*. Hinzutreten können *Vogelgesang* und *Blumen*. Die

---

[156] 1643. – III S. 90.

[157] III S. 494 (Nr. 228), S. 479 (Nr. 129), S. 494 (Nr. 225) u. ö. – Dazu Krummacher (vgl. Anm. 109, a.a.O. S. 110): „Vom Lob des Toten ausgehend den Affekt der Trauer zu erregen und dann im Trostteil abzufangen, das ist offenbar die Aufgabe des Epicediums, wie sie auch schon ein Autor wie Statius verstanden haben mag."

[158] III S. 124.

[159] III S. 128.

reichste Ausführung fügt noch *Windhauch* hinzu."[160] Dach hat in seine Beschreibung des Albertschen Gartens die von diesem Katalog genannten Requisiten des Lustorts vollständig eingebracht:

Jetzt pflag ich mich zu strecken
Hin in daß kühle *Graß*, da mich ein *Baum* bedecken
Vnd *überschatten* kunt (43 ff.)

Dieß Ort war wie man spürt
Mit Erd am *Pregelstrom* in etwas auffgeführt (109 f.)

Die *Vögel sungen* mit (52 f.)

Die weisse *Rose* ward bestohlen von den Bienen (55)

Vnd sahe durch daß Laub den schnellen Wolcken zu,
Die mit dem *sanfften Ost* wie vmb die Wette flogen (46 f.):

daß war mit einem Wort
Ein Wohnhauß gutter Ruh, ein rechtes *Frewden Ort.* (89 f.)

Das alles, sagt die „Klage“, ist vergangen. Der locus amoenus jedoch, der im zerstörten Garten des Domorganisten auf der Königsberger Lomse-Insel diese Züge angenommen hatte, auf diese Weise wirklich geworden war, erscheint nun noch einmal am Ende des Gedichts – jetzt freilich auf das „Minimum an Ausstattung“ reduziert, nicht mehr als Darstellung erinnerter Wirklichkeit, sondern gleichsam auf die poetische Formel gebracht, als Kondensat oder als Entwurf:

mich sol ein grünes *Graß*,
Ein *Thal*, ein kühler *Wald*, ein klahres *Quell* wie Glaß
Dem schnöden Volck entziehn (221 ff.).

Alberts Garten, in dem die Kürbishütte stand, kann da keinesfalls mehr gemeint sein, und ebenso wenig wird man annehmen dürfen, hier werde der Plan zu einer künftigen eigenen Gartenanlage mitgeteilt. Worauf also zielen diese Verse? In welchem Verhältnis, heißt das, steht dieser neue Garten zu jenem vernichteten alten?

Dachs „Trost-Reyme bey tödtlichem Hintritt“[161] haben nicht nur die Vergänglichkeit der irdischen Existenz, die Verwüstung des Schönen und Liebenswerten durch Krankheit und Tod, sondern häufig auch die Wiederherstellung des Vernichteten in verwandelter, jenseitig verklärter Gestalt gedichtet:

---

[160] Europäische Literatur und lateinisches Mittelalter. 1948, S. 200 (im Original keine Kursive).

[161] III S. 474 (Nr. 99) u. ä. ö.

Er ist zu grösser Hoheit kommen,
Schwebt vmb des Allerhöchsten Throhn,
Vnd ist in seine Huld genommen,
Vnd trägt die ewig' EhrenKrohn![162]

Sie aber schwebt in Herrlichkeit,
Jst aller Müh vnd Angst entladen,
Kein eitles Wesen dieser zeit
Vnd keine Kranckheit wird Jhr schaden.
Der ander Todt hat seine Macht
An Jhr nun gantz vnd gar verlohren,
Sie ist, gefernt von aller Nacht,
Zum ewign Morgenstern erkohren.[163]

Der gleichen Denkfigur aber folgen jene Schlußverse der „Klage", die – anspielend auf das Horazische „Odi profanum vulgus"[164] – auf den Untergang des Kürbishüttengartens mit dem poetischen Entwurf eines Gartens antworten, welcher der Wirklichkeit und ihrem Vergänglichkeitsgesetz so entrückt, dem zerstörenden Zugriff so entzogen ist, wie jene entrückte, verklärte Erscheinung der Abgeschiedenen dem „Wesen dieser zeit", dem Schaden, den die Krankheit tut, und der Macht, die der Tod besitzt. Was dort im Leichgedicht dem christlichen Glauben, der Hoffnung auf ein Leben nach dem Tod entspringt, erweist sich hier, strukturanalog, als dichterische Setzung, deren Differenzqualität gegenüber der Wirklichkeit sie als utopische kenntlich macht. Aus dem Geist der Zeit führt Simon Dach so den Widerspruch gegen die Praxis einer Zeit, die zu „Vntergang vnd ruinirung" führt, zur Zerstörung einer Kürbishütte und Vernichtung des Gärtchens um eines Straßenbaus willen, welcher den Königsberger Kaufleuten Zugang schafft zum Handelsweg nach Natangen, Barten und Ermland[165] – jenen technisch-wirtschaftlichen Sachzwängen folgend, deren Herrschaft die Bewohnbarkeit der Erde für den Menschen aufzuheben beginnt. Freilich sucht der Verfasser dieser „Klage" Halt an dem Gedanken, daß auch der Kürbishüttengarten dem Gesetz der unaufhaltsamen Vergänglichkeit untersteht. Im Schmerz um seinen Untergang aber stellt er dem, was so geschehen muß, im utopischen Bild des Gartens das entgegen, was sein sollte:

Jch suche meinem Leben
Durch Krafft der Poesie ein länger Ziel zu geben,
Hat mich Melpomene nur günstig angeblickt

---

[162] III S. 131.
[163] III S. 129.
[164] Vgl. carm. III, 1.
[165] Vgl. Anm. 42.

Vndt machet meinen Sinn zu ihrem thun geschickt,
So laß ich andre, die nach grossen Mitteln ringen,
Die nur nach Ehren stehn vndt die die Zeit verbringen
Mit Vnlust, voller Lust: mich sol ein grünes Graß,
Ein Thal, ein kühler Wald, ein klahres Quell wie Glaß
Dem schnöden Volck entziehn, ich wil mein eigen werden
Vnd weil ich lebe schon mich säubern von der Erden,
Der Dinge müssig gehn, die durch gefälschten Schein,
Der manchen auffgesetzt, mein Meister könten seyn. (215 ff.)

So bezeichnen die gängigen Titel der Dachschen Begräbnispoeme denn sehr genau, worum es auch dieser Gelegenheitsdichtung geht. „Lobspruch“ und „Rühmlicher Nachklang“ ist sie, „Klag=Geticht“, „Trawer=Lied“, „Trost=Schrifft“ und – ein „Poetisches Denckmahl“, eine „Gedenck=Schrifft“,[166] die das Vergängliche, das Vergangene in Erinnerung hält.

Waß grawen seh ich doch? herrscht hie nun Schlam vnd Wust,
Mein Albert? stundt allhie dein Gärtchen, dessen Lust
Wir brüderlich verknüpfft vnß zu gebrauchen pflagen?
Hat diese Wüsteney die schöne Frucht getragen?
Die bloß nach Ewigheit, vnd vnserm Himmel schmeckt
Vnd bleibt, wenn vnß daß Grab schon tausentmahl bedeckt,
Dein Kürbes=Hütten=Werck? (1 ff.)

Das kleine „Paradieß“, zur „Wüsteney“ geworden, hat auch die Dichtung hervorgebracht, die mit dieser Frage beginnt: *Dachs* Kürbishütten-Werk, das Gärtchen und Laube, Stadt und Bürgerei überdauerte und in dem dies alles aufgehoben ist – untergegangen und bewahrt zugleich, aus der Realität nämlich übersetzt in die sinnstiftende Dichtung. Nimmt der Literaturhistoriker diesen Tatbestand ernst, dann kann es ihm nicht darum zu tun sein, die „Klage über den endlichen Vntergang der Kürbs=Hütte“ als dichterisches Werk wieder rückgängig zu machen, um gleichsam aus ihren Elementen die Königsberger Kürbishütte zu rekonstruieren, Dichtung also zu reduzieren auf ihren bloßen Zeugniswert für die Verfassungs-, Wirtschafts-, Sozial- oder Kulturgeschichte. Ich wollte, hoffentlich ist das bemerkbar geworden, nicht etwa ein Stück Königsberger Stadtgeschichte mit Verseinlagen vorführen, sondern Ihnen dieses Exempel barocker Poesie aus den in seinen Text eingegangenen, in seinen Denotationen und Konnotationen aufgehobenen geschichtlichen Bedingungen seines Zustandekommens zu verstehen geben – auf eine Weise, die dem autonomen, dem nicht-autarken Charakter der Dichtkunst entspricht und sie kenntlich macht als das, was ihren eigentlichen Zeugniswert aus-

[166] Vgl. III S. 482 (Nr. 150), IV S. 536 (Nr. 27), III S. 474 (Nr. 97), III S. 460 (Nr. 4), III S. 473 (Nr. 93), IV S. 535 (Nr. 21), IV S. 577 (Nr. 257) u. ö.

macht: als Artikulation des menschlichen Selbstverständnisses in der sich wandelnden Welt.

Für einen solchen Versuch ist Simon Dachs „Klage“ wohl ein besonders geeigneter, vielleicht sogar ungewöhnlich ergiebiger Gegenstand, und ganz sicher kann das in dieser Fallstudie geübte Verfahren nicht unbesehen übernommen werden für eine sozialgeschichtliche Analyse beliebiger anderer Texte. Ohne Zweifel gibt es Dichtungen, die eine Antwort verweigern auf Fragen, wie sie hier aufgeworfen wurden. In solchen Fällen könnte die empirische Bestimmung des außerliterarischen Kontextes wohl Ermöglichungsgründe des Kunstwerks erfassen, Bedingungen seiner Entstehung und Wirkung aufzeigen, also den Rahmen erkennbar machen, in dem es steht. Aber sie reicht nicht mehr derart in das Kunstwerk selbst hinein, daß die sozialgeschichtliche Analyse mit der Textanalyse zur Deckung käme. Entscheidend für solche Differenz ist offensichtlich der jeweilige soziale Stellenwert der Dichtung, der sich in späteren Zeiten auf folgenreiche Weise verschoben hat. Im 17. Jahrhundert, auf dessen Übungsfeld man Grundfragen des Zusammenhangs der Literatur mit den außerliterarischen Verhältnissen ohnedies unter vergleichsweise günstigen Bedingungen und an relativ rein ausgeprägten Strukturen studieren kann, mag auch die Zahl der poetischen Werke, die den hier erprobten Zugang ermöglichen, erheblich größer sein, als man auf den ersten Blick hin anzunehmen geneigt ist. Aber selbst für diesen Zeitraum wird Simon Dachs Dichtung nicht als Normalfall gelten dürfen. So sicher ihm die emblematisch vorgegebene Sinnbildkraft der Kürbishütte Rückendeckung gab für seinen poetischen Ausgriff in die Lebenswirklichkeit, so gewiß war dieser kleine Poet, der in der Königsberger Kürbishütte doch am Rande des literarischen Betriebes in Deutschland lebte, bestimmten Schreibweisen des 16. und des 18. Jahrhunderts noch näher, schon näher, als den hochstilisierten, die privaten und sozialen Realien ins Überpersönliche läuternden poetischen Exerzitien, die unter dem Diktat von Martin Opitz die literarische Szene in den protestantischen Territorien des 17. Jahrhunderts beherrschten.[167] In den Augen dieses ‚Gekrönten‘ muß er am Ende doch ein dilettierender Schrebergärtner gewesen sein, „– freundlich in der Gesinnung, schwach im Ausdruck“.[168]

Mit Opitz teilte er die Ansicht, daß den Dichter „die regung des Geistes“ treiben müsse. Aber wenn dieser im „Buch von der Deutschen Poeterey“

---

[167] So erklärt auch Hans-Henrik Krummacher, daß Dach viel weniger von dem durch Opitz aufgenommenen „humanistischen neulateinischen Vorbild geprägt ist als andere Dichter der Zeit und viel stärker in einer anderen Tradition, nämlich in der des geistlichen Liedes des 16. Jahrhunderts, wurzelt.“ (Das barocke Epicedium. In: Jahrbuch der deutschen Schillergesellschaft XVIII, 1974, hier S. 122.)

[168] Gottfried Benn: Probleme der Lyrik. 1951, S. 47.

dann forderte, daß ein Dichter „nebenst dem das er ein Poete von natur sein muß / in den griechischen vnd Lateinischen büchern . . . wol durchtrieben ist / vnd von jhnen den rechten grieff erlernet hat“[169], setzte doch der Königsberger Professor der Poesie unter die entscheidenden Voraussetzungen für einen die Zeit überdauernden Rang der Dichtung neben den „Geist“ nicht die gelehrte Kunstfertigkeit, die ihm ja durchaus zu Gebote stand. Seine „Klage“ schließt mit den Versen:

Es ist kein Reim, wofern ihn Geist vnd Leben schreibt,
Der vnß der Ewigheit nicht eilends einverleibt.

„Geist vnd Leben“ – im literarischen Kontext des Gedichts, im realen Kontext Königsbergs deutet diese Doppelformel auf einen Wahrheitsbegriff, dem die Lebenswirklichkeit erst als eine durch den menschlichen Geist in ihrer Bedeutsamkeit erfaßte und dargestellte, als sinnvolle Wirklichkeit sich fügt. Und das war gemeint, als Simon Dach im „Christlichen Denckmal der Fr. Ursulen geb. Langerfeldin, des Hn. Andreas Knoblochs, im Kneiphof Gerichtsverwandten, Witwen, welche im 40. Jahr ihres Alters 1655. 17. Juni selig eingeschlaffen“[170] auch *seiner* Bemühung um die Wahrheit der Kunst ein Erinnerungszeichen setzte:

Was wahr ist wil ich schreiben.
Wer meinen Reim verächtlich hält
Dem mich zu lesen nicht gefällt
Der mag es lassen bleiben.

---

[169] In: Neudrucke deutscher Literaturwerke N. F. 8. Hrsg. Richard Alewyn 1963, S. 11 (B 4[a]) und 16f. (C 3[b]).

[170] IV S. 559 (Nr. 156) / S. 275.

Buchanzeigen